Elisabeth Mick

Köln im Mittelalter

Elisabeth Mick

Köln im Mittelalter

Greven Verlag Köln

Abbildung auf dem Einband:
Anton Woensam, Große Ansicht von Köln, Ausschnitt; 1531

CIP-Titelaufnahme der Deutschen Bibliothek

Mick, Elisabeth:
Köln im Mittelalter / Elisabeth Mick. – Köln : Greven, 1990
ISBN 3-7743-0257-X

Layout: Peter Krolow
Druck: Greven & Bechtold GmbH, 5030 Hürth 5 (Efferen)
Buchbinder: Hunke & Schröder, Iserlohn

Inhalt

Vorwort

Als mich vor einiger Zeit ein etwa zehnjähriges Mädchen bei einem Unterrichtsgang mit einer Schulklasse entlang den Resten der mittelalterlichen Stadtmauer fragte: »Woher wissen Sie das eigentlich alles?«, antwortete ich spontan: »Aus Büchern.«

Durch die schlichte Frage des Mädchens wurde mir bewußt, daß es eine außerordentliche Fülle von Schrifttum über das Mittelalter in Köln gibt, aber kein Buch, das auf Fachausdrücke und Fremdwörter weitgehend verzichtet und auch für ein aufgewecktes zehnjähriges Kind verständlich ist.

Seit einiger Zeit habe ich als Lehrerin die Aufgabe übernommen, Schulklassen in der »Museumsschule«, die in Zusammenarbeit mit dem Museumsdienst und dem Schulamt der Stadt Köln entstand, im Kölnischen Stadtmuseum zu unterrichten.

Die Wißbegier, die die Kinder bei diesen Museumsbesuchen zeigten, und das Interesse von Lehrern, Müttern und Vätern haben mich angeregt, dieses Buch über das Mittelalter in Köln zu schreiben, denn fast immer reichte die Zeit nicht, alle Fragen zu beantworten.

So entstand – durch Kinder angeregt – ein Buch für jung und alt, für alle Leser, die an der Kölner Stadtgeschichte interessiert sind.

Neben wesentlichen Meilensteinen des Geschichtsverlaufs und Auskünften über historische Bauwerke und Überreste in der Stadt erzählt das Buch über Alltägliches; vom Leben der Menschen, von Hoffnungen, Schwächen und Ängsten. Die genauen und wortreichen Schilderungen des Ratsherren Hermann von Weinsberg aus dem 16. Jahrhundert machen das anschaulich, auch wenn sie historisch genau der beginnenden Neuzeit zuzurechnen sind.

So will das Buch durch Einbeziehung von zeitgenössischen Quellen, Geschichten, Sagen und Legenden versuchen, etwas näher an die Wirklichkeit vergangener Zeiten zu rühren und Zusammenhänge entstehen zu lassen.

Ohne die Kölner Kinder mit ihrer produktiven Neugier und das Engagement ihrer Lehrer für die Kölner Stadtgeschichte wäre das Buch nicht geschrieben worden. Ihnen sei herzlich gedankt; auch Herrn Bernd Schaumann, der wort- und tatreich das Vorhaben unterstützte, sowie Herrn Dr. W. Schäfke vom Kölnischen Stadtmuseum, Herrn Dr. P. Noelke vom Museumsdienst Köln und Herrn Regierungsschuldirektor W. G. Mayer.

Elisabeth Mick

Wie es anfing

Das römische Köln

Köln ist eine sehr alte Stadt. Schon vor der Zeit, von der in diesem Buch erzählt werden soll, siedelte der römische Feldherr Marcus Vipsanius Agrippa einen befreundeten germanisch/keltischen Volksstamm, die Ubier, in Köln an.
Im Jahre 50 nach Christus bekam die Siedlung der Ubier vom Kaiser Claudius die römischen Stadtrechte verliehen. Er siedelte zusätzlich Soldaten hier an, die ihren Dienst in der römischen Armee beendet hatten.
Die römischen Stadtplaner hatten sich das Land genau angesehen. Sie stellten fest, daß die Landfläche, auf der sie die Ubier ansiedelten, höher gelegen war als das übrige Gebiet. Diese Landfläche war fast viereckig und durch die höhere Lage vor dem Hochwasser des Rheins geschützt. Davor lag mitten im Rhein eine natürliche Sandinsel, die durch einen Rheinarm von der übrigen Landfläche getrennt war. Das waren gute Bedingungen, um einen Hafen anzulegen.
Die Römer planten und bauten eine Stadt, die wie ein Schachbrett angelegt war. Sie war fast viereckig, und die Straßen verliefen rechtwinklig zueinander. Es entstanden Gebiete, die Insulae genannt wurden. Die Baumeister errichteten außer den vielen Wohngebäuden aus Holz und Lehm auch mächtige Steinbauten: Tempel, Theater, den Palast des Statthalters, eine Badeanstalt, die Thermen genannt wurde, Wasserleitungen, große Lagerhallen und noch vieles mehr.
Die Römer in Köln und der Statthalter verwalteten und regierten die Stadt und das dazugehörige Landgebiet. Sie legten gute Straßen an, um den Bürgern und den Armeen eine gute Verbindung zu ermöglichen. Das Straßennetz förderte den Handel, denn eine große und prächtige Hauptstadt wie Köln, die vielleicht 20 000 bis 40 000 Einwohner hatte, brauchte für das tägliche Leben und den Luxus viele Dinge, die aus fremden Ländern und Städten kamen. Außerhalb von Köln lagen große Gutshöfe, von denen aus die Menschen in der Stadt mit Lebensmitteln versorgt wurden.

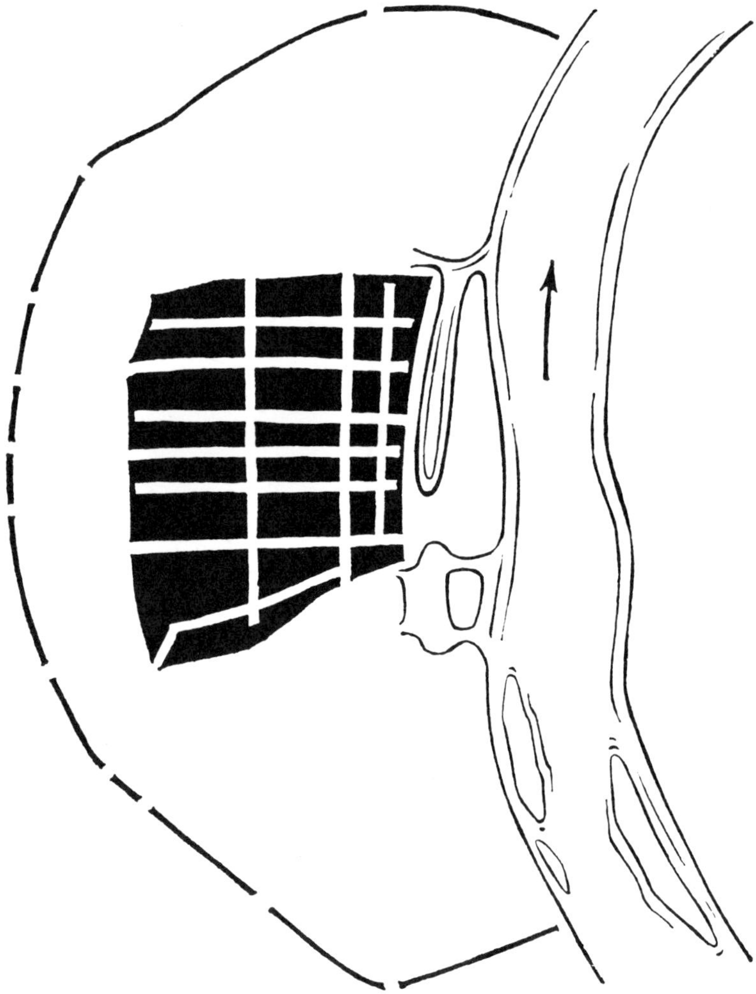

1 Die Römerstadt 50 nach Christus

Zum Schutz gegen Feinde und um die Größe und Macht zu zeigen, bauten die Römer eine gewaltige Steinmauer um die Stadt. Sie war vier Kilometer lang, besaß neun mächtige Steintore und 19 Türme. Auf dem Haupttorbogen des Nordtores war der Name der Stadt in der üblichen Abkürzung CCAA, Colona Claudia Ara Agrippinensis, eingemeißelt. Ungefähr vier Jahrhunderte gehörte die CCAA zum römischen Weltreich und war Hauptstadt der römischen Provinz Niedergermanien.

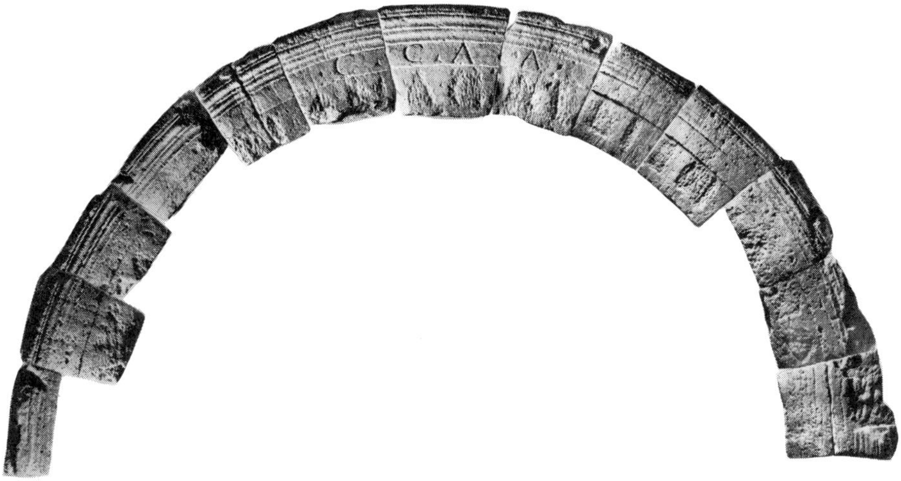

2 Der Mittelbogen des römischen Nordtores mit den Anfangsbuchstaben der Stadt CCAA

Die Stadt unter der Herrschaft der Franken

Als die Herrschaft der Römer zu Ende ging, bedrängte ein neues Volk die Stadt Köln und das Land um den Rhein. Es waren die Franken. Sie kamen aus den Gebieten östlich des Rheins. Sie zogen raubend, plündernd und mordend durch das Land und führten viele Kriege. Viele Menschen in der Stadt fühlten sich unter den Franken nicht mehr sicher, verließen Köln und zogen sich in andere Gebiete zurück. Auch die Grundbesitzer außerhalb der Stadt gaben ihre Gutshöfe auf und zogen weg.

Die Franken waren eigentlich Ackerbauern. Die Völkerwanderung führte sie auch in Länder, die weit entfernt von Köln lagen. Sie brauchten keine Stadt als Mittelpunkt ihres Lebens, und sie hatten auch keine Ahnung von der Ordnung in einer Stadt. Sie lebten verstreut auf Bauernhöfen in der Umgebung von Köln und versorgten sich selbst durch die Landwirtschaft. Im Fernhandel kauften sie Wein und Seide. Sie trieben kaum Handel mit anderen Ländern und Städten, und auch das Geld brauchten sie für das tägliche Leben nicht. Geld wollten sie nur als Schatz besitzen.

Bald lebten in den Mauern der Römerstadt nur noch wenige hundert Menschen. Die römischen Holz- und Lehmbauten zerfielen, und auf

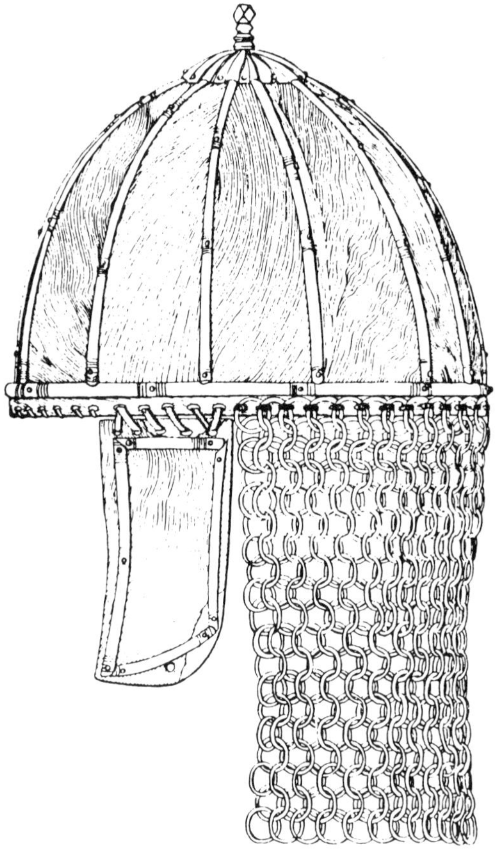

3 Ein fränkischer Helm

den Insulae wuchsen bald Büsche und Sträucher. Die großen römischen Steinbauten benutzten die Franken kaum mehr, und sie füllten sich rasch mit Schutt und Gras und wurden zu Ruinen. Auch die Wasserleitungen und Abwasserkanäle, die die Römer angelegt hatten, verrotteten. Der Hafen verlandete, und die wenigen Menschen hausten in alten Trümmern, in einer gespenstischen Ruinen- und Gestrüpplandschaft. Die römischen Straßen wurden nicht gepflegt, viele Äcker lagen brach, das Umland verwilderte, und früher oder später waren weite Gebiete wieder mit Wald bedeckt.
Die Könige der Franken waren eigentlich Anführer von Stämmen, die sich durch ihre vornehme Abstammung selbst zu Herrschern machten. Für ihre Macht brauchten sie eine Kriegsgefolgschaft und einen Königsschatz, um die Krieger zu bezahlen. Zum Schatz gehörte alles, was

wertvoll und selten war: Geld, Gold, Schmuck, aber auch kostbare Stoffe. Da wo der König sich mit seiner Gefolgschaft aufhielt und wo sein Schatz war, war auch sein Reich. In Köln wählten sie als königlichen Sitz und als sicheres Gebäude für den Schatz den Palast des Statthalters, der noch von den Römern erhalten war.
Durch Mord und Totschlag in der königlichen Familie wurde der fränkische Königsschatz aus Köln weggeschafft. Als Hauptstadt und Königssitz hatte Köln nun keine Bedeutung mehr. Es lag sehr am Rande des Machtbereichs der Franken, und nur von Zeit zu Zeit besuchten die Könige Köln.
Trotzdem war Köln für die Herrscher noch wichtig. Schon unter den Römern bekannten sich viele Menschen zum Christentum, und auch die fränkischen Könige ließen sich taufen und wurden Christen. Köln hatte einen Bischof als Vorsteher der Christengemeinde und eine Bischofskirche. Die christliche Kirche gewann immer mehr an Bedeutung, und die Bischöfe standen in enger Verbindung zur weltlichen Macht.

Die Karolinger

Als Kaiser Karl der Große (768–814) die Streitigkeiten im Frankenreich beendete, das große Reich einigte und noch große Gebiete rechts des Rheins dazueroberte, änderte sich für die Stadt Köln einiges.
Köln lag nun nicht mehr am Rande des Reiches, sondern fast in der Mitte. Es wurde ein Zentrum für den Handel und den Verkehr, für die Religion und alle anderen Bedürfnisse der Menschen. Der oberste geistliche Berater Karls des Großen, Hildebold, wurde zum Bischof von Köln ernannt. Weil dem Bischof Hildebold noch weitere Gebiete zur kirchlichen Verwaltung im neueroberten Sachsen unterstellt wurden, bekam er den Titel Erzbischof. Damit er seine Macht auch nach außen zeigen konnte, ließ er anstelle der alten Bischofskirche einen größeren und prächtigeren Dom bauen, der im Jahre 870 dem Hl. Petrus geweiht wurde.
Für den Dombau, den Hofstaat des Erzbischofs und den wachsenden Handel und Verkehr wurden viele Menschen gebraucht, die sich in den unterschiedlichsten Handwerken auskannten. Sie mußten ein Dach über dem Kopf haben, essen und trinken, mit Kleidung und anderen Dingen versorgt werden, und so kam das Stadtleben langsam wieder in

Gang. Die Stadt wurde wieder lebendig, und das Marktviertel am Rheinufer wurde zum Stadtkern der mittelalterlichen Stadt.
Nach dem Tode Karls des Großen zerfiel sein großes Reich durch Erbteilungen und Streitereien. Zu dieser Zeit zogen auch die Normannen, beutelustige Skandinavier aus dem Norden, durch das Land. Die Normannen waren fast unbesiegbar, und auch Köln wurde von ihnen beraubt, geplündert und schwer zerstört. Doch nach den Normanneneinfällen ordnete sich das städtische Leben wieder. Viele Menschen fanden Arbeit und Brot. Händler und Kaufleute konnten Geschäfte machen, und der Aufstieg Kölns als Handelsstadt setzte sich fort.

Geschichte und Geschichten

Der Erzbischof als Stadtherr

Vor ungefähr 1000 Jahren war es nichts Besonderes, daß ein Erzbischof neben den Aufgaben, die er in der Kirche hatte, auch Herrscher über Länder und Städte war. Der Erzbischof bekam vom König die Macht, und in der Stadt Köln hatte er wie ein Fürst fast alle Rechte:
Er war der höchste Richter der Stadt. Das wurde die Hohe Gerichtsbarkeit genannt.
Er hatte die Aufsicht über den Handel, die Geschäfte und das Gewerbe, über die Maße und Gewichte. Damit hatte er die Handels- und Gewerbeaufsicht.
Er durfte die Münzen prägen. Er hatte die Münzhoheit.
Er konnte Steuern bestimmen und Zölle erheben. Er hatte die Steuerhoheit.
Er sorgte für die Ordnung auf öffentlichen Plätzen und auf den Märkten.
Er hatte das Recht, die Stadt zu befestigen, und die Soldaten mußten seinen Befehlen gehorchen. Das war die Wehrhoheit.
Der erste Erzbischof von Köln, der alle diese Rechte hatte und Stadtherr war, hieß Bruno (953–965).

Bruno vergrößert die Stadt

Zu Brunos Zeiten wollten viele Menschen, auch aus entfernten Gegenden, in Köln wohnen. Hier fühlten sie sich vor Überfällen, Raubzügen und Plünderungen der Normannen sicher, und sie sahen eine gute Möglichkeit zum Arbeiten und Geldverdienen. Kaufleute, Handwerker und Händler ließen sich in Köln nieder und Bruno sorgte dafür, daß sie gute Wohn- und Arbeitsmöglichkeiten in der Nähe des Rheins bekamen.
Früher, als die Römer noch in Köln wohnten, war das gesamte Gebiet zwischen der Hohenzollernbrücke und der Drehbrücke zum Rheinau-

4 Bruno I. mit der Kirche St. Pantaleon

hafen eine Insel. Sie war ungefähr 1000 Meter lang und 180 Meter breit. Durch einen Rheinarm, den die Römer als Hafen benutzt hatten, war sie von der übrigen Stadt getrennt. Auf dieser Insel wohnten schon damals einige Händler und Kaufleute.
Mittlerweile war der Rheinarm versumpft, und er wurde als Abfallplatz benutzt. Damit die Kaufleute die Waren nicht so weit durch die Stadt transportieren mußten, denn es gab ja damals nur Ochsen- und Pferdefuhrwerke, wollten alle möglichst nahe am Rhein arbeiten. Der Rhein war die wichtigste Straße. Der versumpfte, wohl auch schmutzige und stinkende Rheinarm wurde mit dem Schutt abgebrochener Ruinen und mit Abfall zugeschüttet. Auf dem festen Untergrund konnte nun ein großer Marktplatz angelegt werden. Auch neue Häuser und Werkstätten wurden gebaut. In den neu entstandenen Stadtteil zogen Handwerker und Kaufleute ein. Wie die übrige Stadt wurde diese neue Rheinvorstadt mit Wall und Graben gegen Feinde gesichert. In der so vergrößerten Stadt lebten jetzt ungefähr 15 000 Menschen.
Außerhalb der Stadt baute Bruno die Kirche St. Pantaleon.

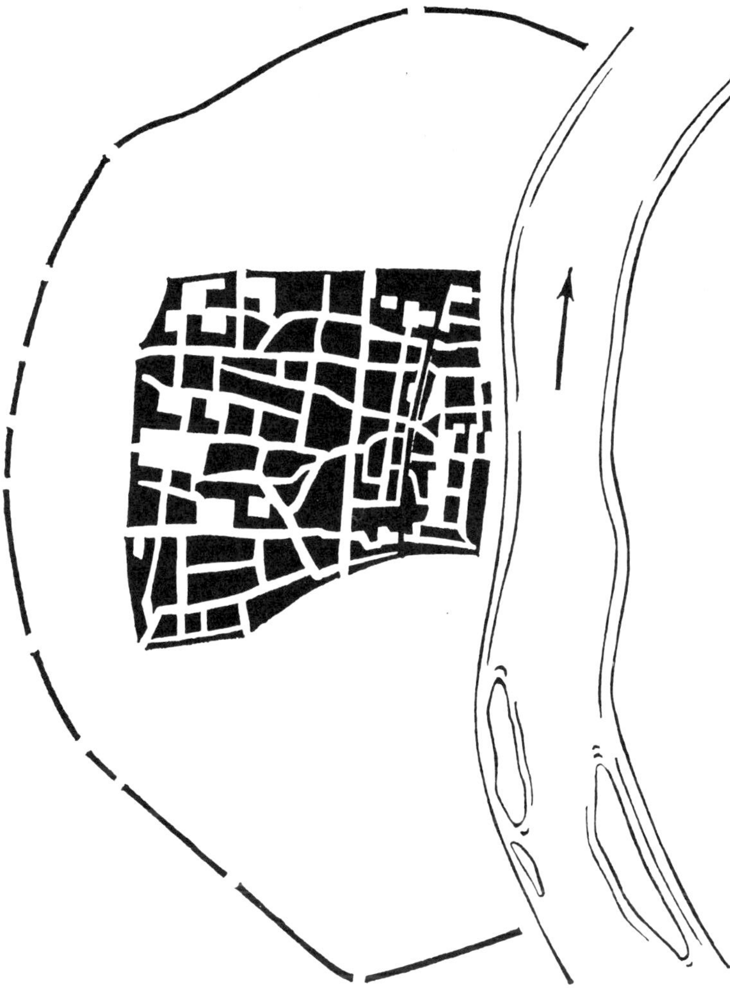

5 Erste Stadterweiterung um 950
Die neuentstandene Rheinvorstadt wurde mit Wall und Graben gesichert.

Der leidenschaftliche Bauherr Anno

Nach Bruno waren noch viele Erzbischöfe Stadtherr von Köln. Einer, der nach Bruno besonders berühmt wurde und auch heilig gesprochen wurde, war der Erzbischof Anno (1056–1075).
Anno war ein bedeutender Kirchenfürst und ein leidenschaftlicher Bau-

6 Erzbischof Anno

herr. Schon ein Jahr nachdem er Stadtherr geworden war, gründete er in Köln zwei Herrenstifte. Dort wohnten und lebten Männer zusammen, die ein besonders christliches Leben führen wollten. Wo heute das Wallraf-Richartz-Museum/Museum Ludwig steht, ließ er im Jahre 1057 das Stift St. Maria ad Gradus, auf deutsch St. Maria zu den Stufen, bauen. Heute ist sie als einzige Stiftskirche nicht mehr erhalten, weil sie abgebrochen wurde. Etwas später, im Jahre 1059, gründete er das Herrenstift St. Georg. Hier wurden außer Adeligen auch Söhne von sehr reichen Kölnern aufgenommen, das war etwas Besonderes. Die Kirche St. Georg steht heute noch am Waidmarkt gegenüber dem Polizeipräsidium. Anno gab auch Geld für die Renovierung der Kirchen St. Gereon und Groß St. Martin. Außerhalb von Köln gründete er noch drei Klöster. Sein Lieblingskloster war die Abtei Siegburg in der

7 Anno und seine Kirchengründungen

Nähe von Köln. Die anderen beiden waren weit entfernt von Köln, in Grafschaft und in Saalfeld. Die Abbildung zeigt Anno mit seinen Kirchengründungen. Allerdings sind es symbolische Zeichnungen, denn die Kirchen haben in Wirklichkeit anders ausgesehen.

Der Aufstand der Kölner gegen Anno

Als Anno Stadtherr war, wurde Köln durch den Handel reich und berühmt, denn die Kaufleute und Händler waren sehr tüchtig. Sie fuhren mit ihren Schiffen in fremde Länder und Städte, verkauften dort Wein, Getreide, Kölner Tuche und andere Waren und brachten zum Beispiel Pelze, Wolle und Leder mit nach Köln.
Anno war bei ihnen nicht sehr beliebt, denn die Kaufleute fanden manche Entscheidung, die er als Stadtherr traf, nicht richtig. Die reichen Kölner wollten mitbestimmen, aber sie hatten fast nichts zu sagen. Anno beachtete sie kaum, oder er wurde so wütend und zornig über eine andere Meinung, daß er die Leute anschrie oder ihnen Vorwürfe machte. Eines Tages, es war Ostern im Jahre 1074, wurde den Kölnern die Eigenmächtigkeit Annos zuviel, und es kam zum Aufstand gegen ihn.
Der Bischof von Münster war Ostern zu Besuch bei Anno. Als er abreisen wollte, gab Anno den Auftrag, ihm, wie es üblich war, ein Schiff für die Rückreise zu besorgen. Nachdem alle Schiffe, die am Rheinufer lagen, von Annos Knechten besichtigt worden waren, wählten sie ein passendes aus. Das Schiff gehörte einem reichen Kaufmann und war mit Waren vollgeladen. Annos Knechte befahlen, die Waren von Bord zu schaffen, um Platz für den Bischof und seine Gefolgschaft zu erhalten. Die Knechte des Kaufmanns protestierten, und sein Sohn hörte von dem unglaublichen Vorgehen und wehrte sich mit der Schiffsmannschaft. Zur Verstärkung rief er noch Verwandte und Freunde herbei, und es gelang ihnen, die Knechte von seinem Schiff zu vertreiben.
Vom Ufer aus hatten viele Kölner zugeschaut, und sie empörten sich über das unverschämte Vorgehen von Anno. Sie hielten natürlich zu dem Kaufmann, der sie noch zusätzlich aufwiegelte und wütend machte. In ihrem Zorn zogen sie alle zum Palast des Erzbischofs, der an der Südseite des Kölner Domes stand, und schworen Anno Rache. Anno konnte sich vor den wütenden Leuten gerade noch in den Dom retten und die Türen verrammeln. Doch es nutzte nicht viel; sie schlugen die Türen ein, und Anno mußte flüchten, wenn er am Leben blei-

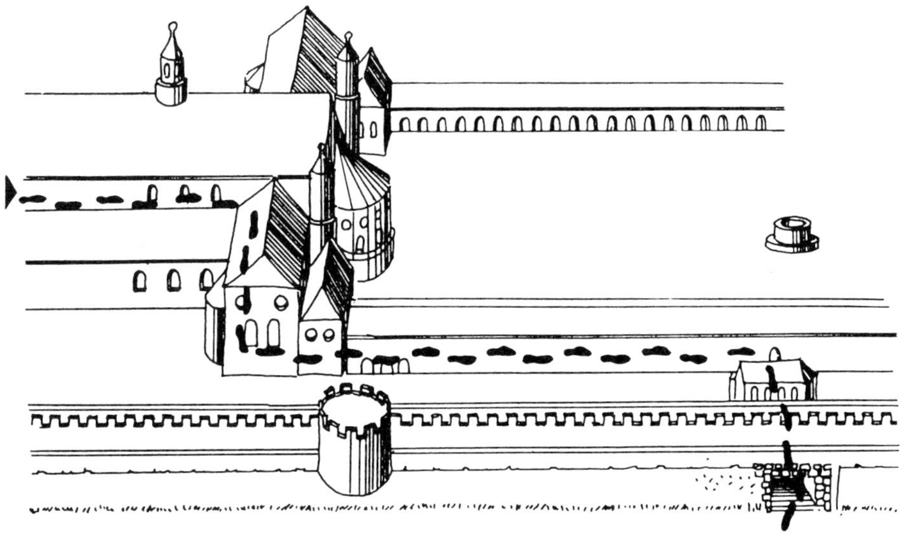

8 Der Fluchtweg Annos

ben wollte. Er rannte aus dem Dom in den Schlafsaal des Domstiftes. Von dort aus lief er über einen Innenhof in ein Haus, das an die alte römische Stadtmauer gebaut war. Von diesem Haus aus konnte er durch einen unterirdischen Gang, der kurz zuvor in die Mauer gebrochen worden war, unerkannt flüchten. Vor der Mauer standen schon vier Pferde bereit, auf denen Anno und drei Freunde nach Neuß ritten. Nach drei Tagen kam er mit vielen Soldaten, die er in Neuß und Umgebung gesammelt hatte, nach Köln zurück.
In der Zwischenzeit hatten die Kölner die Wachen an der Stadtbefestigung verstärkt und alles für einen Kampf vorbereitet. Aber sie merkten schnell, daß Anno mit seinen Soldaten stärker war. Deshalb schickten sie Boten zu ihm, die ein Friedensangebot machten. Sie bekannten ihre Schuld und wollten alles wiedergutmachen, wenn die Anführer nur am Leben blieben. Trotzdem flüchteten ungefähr 600 Kaufleute aus Angst und weil sie die Geldbuße nicht bezahlen wollten, aus der Stadt. Anno überlegte drei Tage, was er machen sollte, dann rächte er sich. Er nahm den Handwerkern und Kaufleuten ihre Häuser, die Schiffe und die Geschäfte weg. Einigen wurden die Augen ausgestochen, andere wurden ausgepeitscht und kahlgeschoren. Die Anführer mußten schwören, sich nie mehr gegen Anno aufzulehnen.
Nach diesem Vorfall wurden die Kölner vorsichtiger, weil sie Angst vor Anno und seiner Rache hatten. Aber schon im nächsten Jahr durften die geflüchteten Kölner wieder in der Stadt wohnen. Anno gab ihnen alles zurück, was er ihnen abgenommen hatte.

Er selbst kam nach diesem Vorfall nur noch selten nach Köln. Er blieb in seinem Lieblingskloster Siegburg, wo er auch kurze Zeit später starb und beerdigt wurde.
Über den Aufstand der Kölner gegen den Erzbischof Anno wissen wir deshalb so gut Bescheid, weil es damals jemand aufgeschrieben hat. Es war der Mönch Lampert von Hersfeld. Man kann es fast nicht glauben, aber der Fluchtweg Annos durch die Römermauer ist noch heute, also fast 1000 Jahre später, zu sehen. Vor vierzig Jahren wurde er bei Ausgrabungsarbeiten unter dem Dom entdeckt. Heute ist er im Parkhaus unter der Domplatte kostenlos zu besichtigen.

Die Kölner vergrößern im Jahre 1106 ihre Stadt

Die Patrizier, so nannten sich die vornehmen und reichen Bürger der Stadt, hatten mit dem Aufstand gegen Anno nicht viel erreicht. Die Erzbischöfe bestimmten weiter alleine über die Stadt und blieben Stadtherr mit allen Rechten.
Mehr als 30 Jahre nach dem Aufstand, inzwischen regierte der Erzbischof Friedrich (1100–1131) in Köln, stellten die Kölner sich wieder gegen ihren Stadtherrn.
Es kam zu einem großen Streit zwischen dem Kaiser Heinrich IV. und Papst Gregor II. Der Papst wollte nicht mehr erlauben, daß der Kaiser alleine bestimmte, wer Bischof werden sollte. Er fühlte sich als der von Gott eingesetzte Herrscher über alle Christen und wollte deshalb selbst die Bischöfe bestimmen. Der Kaiser hingegen sah sich als Schutzherr der ganzen christlichen Welt. Beide fühlten sich im Recht. Es kam hinzu, daß der Sohn von Heinrich IV., König Heinrich V., seinen Vater entmachten wollte, weil er selbst gerne Kaiser sein wollte. In diese Streitereien hielten die Kölner zum Kaiser, der Erzbischof hielt zum Sohn.
Als der Sohn, Heinrich V., Köln besuchen wollte, weigerten sich die Kölner, ihn zu empfangen. Er mußte weiterreisen. Einen großen Empfang bereiteten sie jedoch Kaiser Heinrich IV., der nach einer Schlacht in Köln Zuflucht suchte. Bei dieser Gelegenheit, um sich und die Kölner zu sichern, gab er ihnen im Jahre 1106 den Auftrag, eine neue, große Stadtbefestigung zu bauen. Den Patriziern war dieser Auftrag gerade recht. Sie hatten vor der Stadt schöne Häuser, Höfe und Grundbesitz und waren froh, daß sie nun auch im Schutz der Stadtbefestigung wohnen konnten. Alle, die bisher vor den Mauern wohnten,

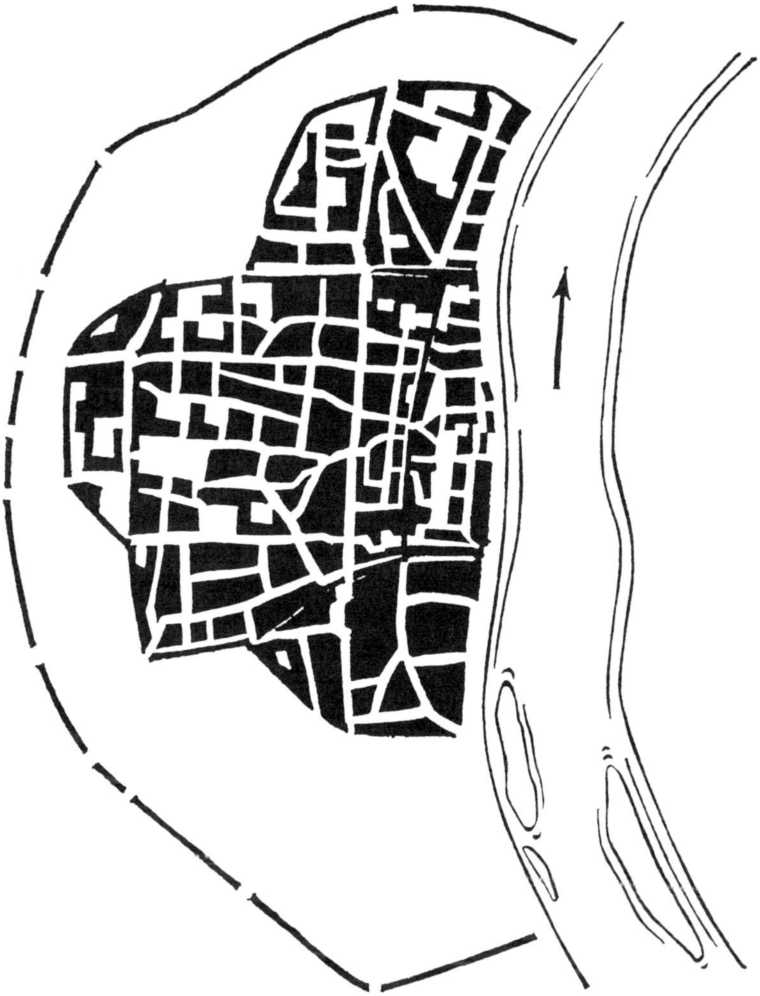

9 Zweite Stadterweiterung 1106
Im Süden, Westen und Norden wird die Stadt vergrößert und mit Wall und Graben umgeben.

und auch die Kirchen St. Georg, St. Andreas, St. Ursula und St. Kunibert konnten so vor feindlichen Angriffen geschützt werden.
Eigentlich hatte ja nur der Erzbischof das Recht vom Kaiser erhalten, die Stadt zu befestigen. Aber die Patrizier hörten trotzdem auf den Kaiser, und als der Erzbischof Friedrich gerade nicht in der Stadt war, begannen sie mit der Arbeit an der Befestigung.

Sie beeilten sich sehr mit der Arbeit, und als der Sohn, Heinrich V., mit einem großen Heer anrückte, um die Stadt zu unterwerfen, war die Befestigung fertig. Die Kölner hatten gute Arbeit geleistet, denn Heinrich zog nach vier Wochen vergeblicher Belagerung wieder ab.
Kurz darauf starb der Kaiser, und die Kölner mußten sich nun seinem Sohn, Heinrich V., unterwerfen. Die Belagerung hatte Heinrich V. viel Geld gekostet. Das wollte er von den Kölnern zurückhaben. Sie mußten ihm 5000 Mark bezahlen, aber dafür durfte die neue Stadtbefestigung stehenbleiben, und Heinrich V. bestätigte ihnen, daß sie nun Eigentum der Kölner Bürger ist.
Die Stadt war nun wieder ein Stück größer geworden, und ungefähr 20 000 Menschen konnten in ihrem Schutz leben.

Millionäre schließen sich zusammen

Noch zu der Zeit, als Friedrich Stadtherr war, schlossen sich die vornehmen und reichen Bürger, die Patrizier, die Millionäre Kölns, zusammen. Im Jahre 1112 gründeten sie eine Schwurgemeinschaft für die Freiheit. Sie hatten das Ziel, sich zu einer Stadtgemeinde zusammenzuschließen, denn bisher gab es nur zwölf abgegrenzte Bezirke, die ihre Angelegenheiten alleine regelten. Eine Stadtgemeinde, in der alle zusammenhielten, konnte sich jedoch dem Erzbischof gegenüber besser durchsetzen. Von der Herrschaft der Erzbischöfe frei sein wollte auch die Richerzeche. Das war eine Vereinigung der reichen Bürger Kölns, die zwei Bürgermeister an ihre Spitze wählten. Ob es die gleichen waren, die sich in der Schwurgemeinschaft für die Freiheit zusammengefunden hatten, weiß man heute nicht mehr zu sagen. Jedenfalls gelang es der Richerzeche im Laufe der Jahre, viele Rechte zu übernehmen, die bisher der Erzbischof hatte.

Das älteste Rathaus Deutschlands

Die Patrizier trafen sich zu ihren Beratungen und Versammlungen in einem Haus, das sie »Bürgerhaus« oder »haus der reichen« nannten. Es stand in einem Viertel, das zu keiner der zwölf Gemeinden in der Stadt gehörte. Dort lebten Einwohner in einer Gemeinschaft zusammen, die eine andere Religion hatten. Es war das Judenviertel.

Als die Erzbischöfe keine Macht mehr in Köln hatten, baute man an der gleichen Stelle des Bürgerhauses das Rathaus, später den Ratsturm, die Ratskapelle und noch mehrere andere Gebäude. Heute stehen von den vielen Gebäuden nur noch der Ratsturm und die Rathauslaube.

Ein Siegel für die Stadt Köln

Die reichen Bürger hatten sich zusammengeschlossen, um die Stadt Köln gegenüber dem Erzbischof und dem Kaiser zu vertreten. Nun brauchten sie ein Siegel, um Urkunden ausstellen zu können. Früher waren Urkunden nämlich vor Gericht nur gültig, wenn sie gesiegelt waren. Die Bedeutung eines Siegels war sehr hoch.

10 Zweites Siegel der Stadt Köln um 1268/69

Das erste Siegel der Stadt Köln war sehr groß, größer als das der Erzbischöfe. Vielleicht hing das mit dem Stolz der Bürger zusammen, als erste Stadt in Europa ein Siegel führen zu dürfen. Was auf dem Siegel dargestellt werden sollte, bestimmte jedoch der Erzbischof, der das Siegel für seine Bürger anfertigen ließ. In der Mitte saß auf einer Bank der Hl. Petrus, der in der rechten Hand zwei Schlüssel und in der Linken ein Buch hält. Rechts und links neben ihm ragen Türme empor, und vor ihm ist eine Mauer mit Toren dargestellt. In lateinischer Schrift, die rundherum stand, wurde die Stadt Köln als »sancta colonia«, als »heiliges Köln«, bezeichnet. Der Apostel Petrus, mit den Schlüsseln in der Hand, sollte der himmlische Stadtherr von Köln sein.
Das Siegel wurde von den Bürgermeistern verwahrt und ungefähr 150 Jahre lang benutzt. Bei einem Streit um die Macht ist es verlorengegangen. Deshalb wurde im Jahre 1268 schnell ein neues Siegel in Auftrag gegeben und das alte für ungültig erklärt.
Obwohl die Bürger sich zu dieser Zeit nicht gut mit dem Erzbischof verstanden, ließen sie das neue Siegel ähnlich machen, wie es der Erzbischof damals bestimmt hatte. Weil gerade mit dem Bau des Kölner Domes begonnen wurde, sitzt nun der Hl. Petrus inmitten von spitzen Mauerbögen, die an die Fenster des Kölner Domes erinnern. Die Mauer mit den Toren im Vordergrund ist ähnlich der Kölner Stadtmauer. Die lateinische Schrift rundherum heißt übersetzt: Heiliges Köln, durch Gottes Gnade treue Tochter der römischen Kirche.
Das Siegel war von so großer Bedeutung, daß es in einem Schrank aufbewahrt wurde, der nur mit 22 Schlüsseln geöffnet werden konnte. Der Schrank stand im Rathaus.
Über 600 Jahre lang wurde das Siegel zum Siegeln von wichtigen Urkunden benutzt. Heute ist es im Kölnischen Stadtmuseum aufbewahrt, und für den Museumsdirektor ist es der kostbarste Schatz im Museum. Es ist zwar nicht aus Gold, sondern aus Messing, aber so eine schöne Handwerksarbeit kennt kein anderes Siegel.

Reinald von Dassel

Ein Erzbischof, dessen Namen man in Köln nie vergessen wird, hieß Reinald von Dassel (1156–1167).
Reinald von Dassel kümmerte sich wenig um Köln und mischte sich auch nicht viel in die Politik der Stadt ein. Er war fast immer beim Kai-

11 Erzbischof Reinald von Dassel, Bildnis vom Dreikönigenschrein

ser Barbarossa in Italien. Von dort, aus der Stadt Mailand, brachte er den Kölnern etwas ganz Besonderes mit. Es waren die Reliquien oder Überreste der Heiligen Drei Könige, durch die Köln zum berühmtesten Wallfahrtsort in Deutschland wurde.
Reinald wußte damals, daß die Reliquien für die Menschen in ganz Europa sehr bedeutend waren. Sie glaubten an die Kraft, die Stärke und die Wundermacht, die von den Knochen eines Heiligen ausgingen. Die Menschen wollten sie verehren, sie anbeten und sie berühren. Deshalb pilgerten sie von weither nach Köln und nahmen viel Mühen auf sich. Die Pilger, es waren Tausende, manchmal Zehntausende, brachten auch Geld mit nach Köln. Sie mußten essen und trinken und in Herbergen übernachten. Sie kauften gute Kölner Waren, nahmen Andenken mit und spendeten Geld. Von den Geldspenden wurde später der kostbare goldene Schrein bezahlt, in dem die Reliquien der Heiligen Drei Könige noch heute im Kölner Dom liegen.
Als Reinald am 23. Juli 1164 mit den Reliquien in Köln einzog, bereitete man ihm einen großen Empfang. Angeblich kam er mit ihnen durch das Dreikönigenpförtchen, das nahe bei der Kirche St. Maria im Kapitol steht und früher den Eingang des Stiftes bildete. Dieses Pförtchen steht heute noch. In einer Nische darüber sind Figuren als Erinnerung aufgestellt: Maria mit dem Kind und die Heiligen Drei Könige, Balthasar, Melchior und Kaspar. Was wir heute dort sehen, sind allerdings nur Nachbildungen. Die echten Figuren bewahrt das Schnütgen-Museum, damit sie noch lange erhalten bleiben.
Reinald von Dassel bekam die Reliquien von Kaiser Barbarossa für seinen treuen Kriegsdienst geschenkt. Der Kaiser hatte sie den Mailändern abgenommen.
Damals wußten die Menschen nicht genau, wie Reinald die Reliquien bekommen hatte, deshalb erfanden sie eine Geschichte dazu.

Wie die Reliquien der Heiligen Drei Könige nach Köln kamen

Im Jahre 1163 belagerte Kaiser Friedrich Barbarossa die Stadt Mailand. Reinald von Dassel, der Erzbischof von Köln, war sein engster Berater und Vertrauter. Die Belagerung der Stadt dauerte sehr lange, weil die Mailänder heftigen Widerstand leisteten.
In der Mailänder Kirche St. Eustorgius befanden sich die Überreste der Heiligen Drei Könige. Sie wurden verehrt und angebetet und es wurde ihnen manches Wunder zugeschrieben. Weil sie für die damaligen

12 Das Dreikönigenpförtchen bei St. Maria im Kapitol

Menschen so kostbar waren, wurden sie während der Belagerung in einem Frauenkloster in Sicherheit gebracht. Nur die Vorsteherin des Klosters, die Äbtissin, kannte das Versteck.
Endlich gelang es dem Kaiser, die Stadt zu erobern. Er schleuderte Geschosse und Brandfackeln über die Mauern. Die Vorratshäuser wurden in Brand gesteckt, und es dauerte nicht lange, da wütete die Hungersnot. Die Mailänder mußten sich ergeben. Der Bürgermeister wurde aus Ärger über den langen Widerstand sofort ins Gefängnis geworfen. Später sollte er dann hingerichtet werden.
Die Äbtissin des Klosters war die Schwester des Bürgermeisters. Sie wollte natürlich ihren Bruder vor dem Tode retten und dachte sich einen Plan aus. Sie ging zu Reinald von Dassel und machte ihm folgenden Vorschlag: Reinald sollte beim Kaiser erreichen, daß ihr Bruder am Leben blieb. Dafür wollte sie ihm die Reliquien der Heiligen Drei Könige geben.
Reinald war in höchster Erregung. Diesen unwahrscheinlichen Schatz zu bekommen, hatte er sich in den kühnsten Träumen nicht vorstellen können. Aber wie sollte er den Bürgermeister befreien? Wie sollte er ihn vor dem Tode retten? Er wußte, daß der Kaiser Barbarossa so einen Haß auf den Bürgermeister hatte, daß er ihn niemals am Leben lassen würde. Reinald dachte lange nach. Dann kam ihm eine Idee. Da er sich gut mit dem Kaiser verstand, wollte er ihn um ein Geschenk bitten. Er wollte so viel aus Mailand mitnehmen, wie eine alte Frau tragen kann. Der Kaiser wunderte sich, weil Reinald so bescheiden war. Er dachte natürlich, daß Reinald Geld, Gold und kostbare Schätze mitnehmen wollte. Schließlich sollte er ja auch einen gerechten Anteil an der Kriegsbeute bekommen. Er erfüllte seinem Vertrauten und Berater diesen bescheidenen Wunsch sofort. Doch was geschah? Die Äbtissin packte sich ihren Bruder, den Bürgermeister, auf den Rücken und schleppte ihn zur Stadt hinaus. Barbarossa wurde zornig und tobte gewaltig. Er glaubte den Bürgermeister im sicheren Gewahrsam, und nun trug ihn eine alte Frau aus der Stadt! Langsam beruhigte er sich, denn er erinnerte sich an den bescheidenen Wunsch von Reinald. Der Kaiser fühlte sich zwar überrumpelt, aber er hielt sein Wort. Der Bürgermeister blieb am Leben und Reinald bekam die Reliquien, die er dann nach Köln brachte.

Die größte Stadtmauer

Nach Reinald von Dassel regierte der Erzbischof Philipp von Heinsberg in Köln (1167–1191). Auch er kümmerte sich nicht viel um die Politik, denn er war sehr damit beschäftigt, seine Gebiete außerhalb Kölns zu vergrößern. Das gelang ihm auch sehr gut, und er bekam vom König sogar das Herzogtum Westfalen und noch mehr Land zum Regieren. Aber Herrscher über viel Land zu werden, kostete den Erzbischof Philipp eine Menge Geld. Er mußte Soldaten mit Harnischen, Waffen und Pferden ausrüsten. Sie mußten essen und trinken und wollten natürlich auch Geld, den Sold, für ihre Arbeit haben. Außerdem mußte Philipp auch dem Kaiser noch Geld geben, weil der in Italien Krieg führte. Dazu reichten die Einnahmen eines Erzbischofs aber bei weitem nicht aus. Er mußte sich Geld bei den vornehmen, reichen Kölnern leihen.

Gerade als Philipps Plan, neue Gebiete zu gewinnen, in Erfüllung ging, passierte in Köln etwas, womit er nicht gerechnet hatte. Angeblich hatten die Kölner Angst vor einer Belagerung. Deshalb begannen sie im Jahre 1180 eine neue, große Stadtbefestigung zu bauen. Ohne den Erzbischof zu fragen, wagten sie es, die Stadt eigenmächtig fast um das Doppelte zu vergrößern. Platz zum Bauen war eigentlich noch genug vorhanden. Aber vor der alten Befestigung lagen Häusersiedlungen und vor allem das Kloster St. Pantaleon und die Stifte St. Severin und St. Gereon. Die Kölner befürchteten, daß Feinde oder der Erzbischof selbst die Gebäude als Stützpunkte bei einer Belagerung benutzen könnten, deshalb wurde die große Stadtbefestigung in einem großen Halbkreis vom südlichen bis zum nördlichen Rheinufer um die Stadt gebaut. Es wurde die größte Stadtbefestigung Deutschlands und Köln die größte Stadt mit 35 000 Einwohnern.

Philipp mußte sich nun mit den Kölnern einigen. Was sollte er auch sonst machen? Er hatte Schulden bei ihnen, und außerdem war schon seit längerer Zeit klar, daß die Erzbischöfe nicht mehr die uneingeschränkten Herrscher der Stadt waren.

Kaiser Barbarossa schlichtete den Streit zwischen den Bürgern und dem Erzbischof. Der Erzbischof erhielt 2000 Mark für seine Zustimmung zur neuen Befestigung. Das war damals sehr viel Geld. Die Kölner durften die Arbeit an der Stadtmauer »Zum Schmuck und Schutz der Stadt« fortführen.

Mit Brief und Siegel bekamen die Kölner diese Vereinbarung als Urkunde vom Kaiser. Es war das erste Mal, daß die Stadt Köln in einer Urkunde als gleichberechtigter Vertragspartner des Erzbischofs in Erscheinung trat.

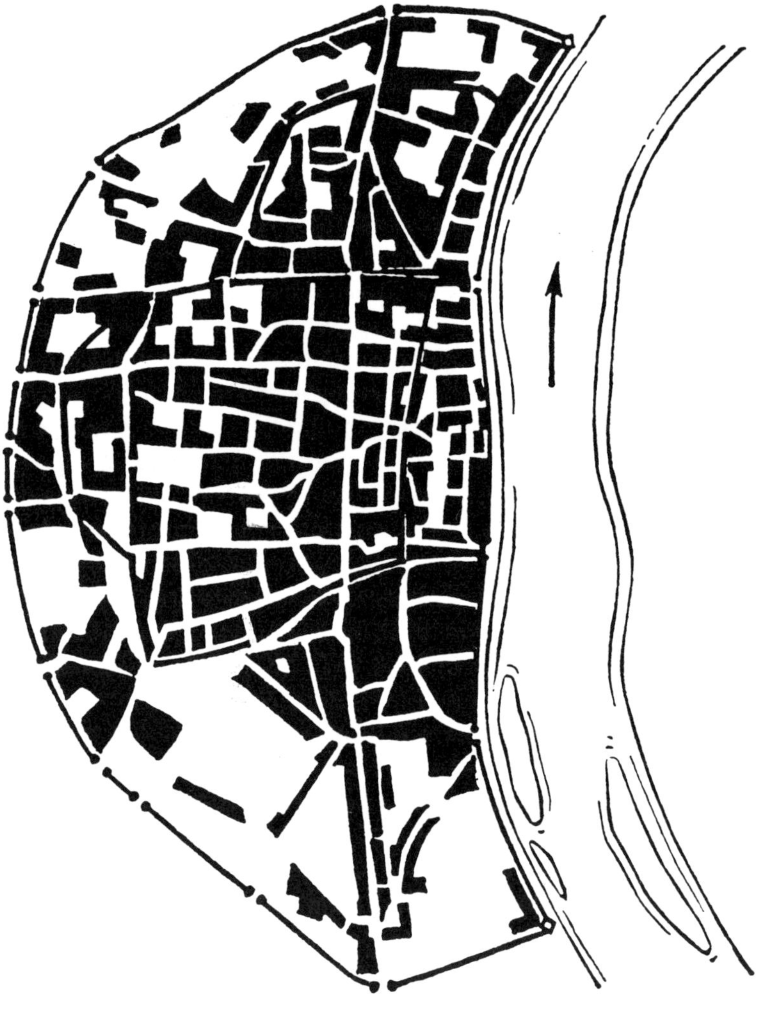

13 Dritte Stadterweiterung 1180
In einem Halbkreis wird eine große Steinmauer um die Stadt gebaut.

Die Erzbischöfe verlieren an Macht

Seit dem Aufstand gegen den Erzbischof Anno hatten die Erzbischöfe viel an Macht und Herrschaft verloren, denn die Patrizier übernahmen schon wichtige Rechte:
Sie hatten ihre Stadt selbst befestigt und die große Stadtmauer gebaut.
Sie nahmen schon einige Steuern ein.

Sie kontrollierten einen Teil des Handels, der Geschäfte und des Gewerbes.
Sie hatten sich zu einer Stadtgemeinde zusammengeschlossen.
Sie bauten ein Bürgerhaus oder Rathaus.
Sie schlossen Verträge ab und führten ein eigenes Siegel.
Im Laufe der Zeit übernahmen die Patrizier weitere wichtige Aufgaben in der Stadt, und eine neue städtische Verwaltungsbehörde, der Rat entstand. Zum erstenmal wird er im Jahre 1216 erwähnt.
Als die Stadt noch kleiner war, behielt man im Gedächtnis, wem ein Haus oder Grundstück gehörte. Doch je größer die Stadt wurde, desto wichtiger wurde es, genau aufzuschreiben, wem ein Haus oder Grundstück gehörte. Es kam die Zeit, daß auf Pergament aufgeschrieben wurde, wem etwas gehörte. Diese Pergamentblätter wurden in einem Holzkasten aufbewahrt, der Schrein genannt wurde. Die Blätter nannte man nach dem Schrein Schreinskarten. Es waren wichtige Unterlagen für die Stadt und sie wurden von den Patriziern der Richerzeche aufbewahrt. Köln besitzt die ältesten Aufzeichnungen dieser Art und wenn man möchte, kann man heute noch erfahren, wer vor 500, 600, 700 Jahren in einer bestimmten Straße ein Haus besessen hat.
Damals war der Erzbischof auch der höchste Richter der Stadt. Weil er aber ein Mann der Kirche war, wurde diese Aufgabe schwierig für ihn. Von der Kirche aus war es ihm nicht erlaubt, Verbrechen, die mit dem Leben, dem Eigentum, der Ehre und der Freiheit zu tun hatten, selbst zu richten. Diese Verbrechen wurden ja damals, je nachdem wie schwer sie waren, noch mit dem Tode oder mit dem Verstümmeln des Körpers bestraft. Deshalb ernannte der Erzbischof Männer, die diese Aufgabe für ihn übernahmen. Sie nannten sich Schöffen, und alle zusammen bildeten das Schöffenkollegium. Der Erzbischof hatte die Aufsicht über das Schöffenkollegium.
Bald gewannen die Schöffen viel Einfluß und Macht. Sie gehörten oft zur Richerzeche oder wurden zum Bürgermeister gewählt.
Der Erzbischof hatte auch zuverlässige und treue Bürger der Stadt beauftragt, die Münzen zu prägen, die Münzen zu prüfen und die Münzen umzuwechseln. Die Männer, die dazu bestimmt worden waren, nannten sich »Münzerhausgenossen«. Im Laufe der Zeit hatten sich die Münzerhausgenossen ein Vorrecht herausgenommen. Ohne den Erzbischof zu fragen, bestimmten sie selbst einen Nachfolger, wenn ein Münzerhausgenosse starb. Natürlich vergaben sie das Amt dann an ihren Sohn oder an jemanden aus der Familie. So blieb dieses hohe Amt immer bei den reichen Patriziern.
Die Kölner Bürger konnten alle diese wichtigen Ämter und Aufgaben

14 Der Münzschläger in seiner Werkstatt, Kupferstich 17. Jahrhundert

nach und nach übernehmen, weil einige Erzbischöfe nur sehr kurz regierten und manche sich mehr um andere Dinge kümmerten. Unter dem Erzbischof Konrad von Hochstaden sollte jedoch alles wieder anders werden.

Konrad von Hochstaden

Konrad von Hochstaden (1238–1261) war fest entschlossen, sich gegen die Bürger durchzusetzen und seine Rechte als Stadtherr wieder ganz alleine auszuüben. Er wollte die führenden Patrizier unterwerfen. Bald schon geriet er mit ihnen über die Gerichtsbarkeit, die Aufsicht über den Markt und die Münze in Streit. Er kämpfte mit Waffen gegen sie, doch einen Sieger gab es nicht. Die Streitenden wählten Schiedsrichter, die ein gerechtes Urteil fällen sollten. Einer der Schiedsrichter war Albertus Magnus. Der Streit konnte geschlichtet werden, doch bald fand Konrad von Hochstaden wieder einen Grund, sich mit den Patriziern anzulegen. Wieder wurden Schiedsrichter beauftragt, die Rechte der

15 Albertus Magnus

Patrizier und des Erzbischofs gegeneinander abzuwägen. Der Erzbischof brachte bei den Schiedsrichtern 58 Beschwerden gegen die Bürger vor, die Bürger beschwerten sich in 21 Punkten über den Erzbischof. Albertus Magnus und vier andere Schiedsrichter prüften alle Beschwerden sorgfältig und bedächtig und kamen zu einem Schiedsspruch, dem sogenannten »Großen Schied« von 1258. Darin bekamen die Kölner Bürger weitgehend Recht. Es wurde ihnen zugesprochen, ihre Stadt weiter so zu regieren und zu verwalten, wie sie es bisher gemacht hatten.

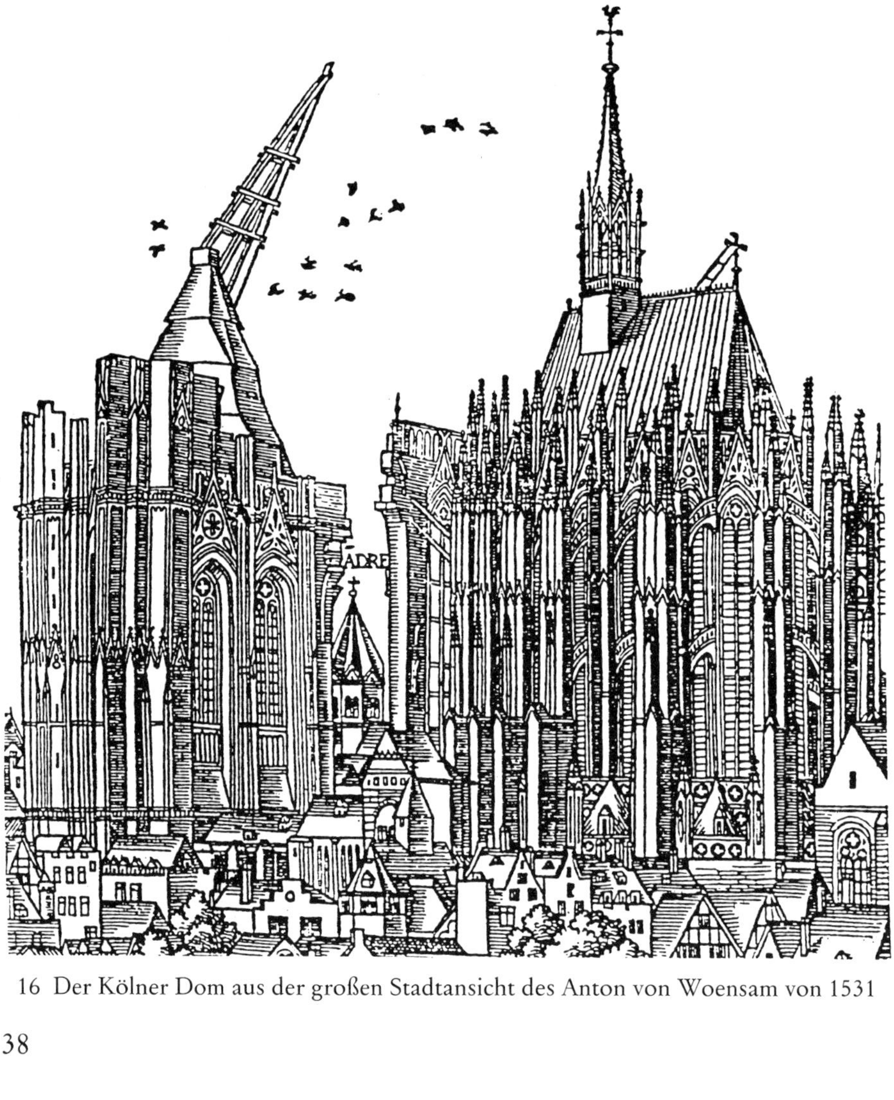

16 Der Kölner Dom aus der großen Stadtansicht des Anton von Woensam von 1531

Doch Konrad von Hochstaden war ehrgeizig und er gab keine Ruhe, seine Rechte als Stadtherr wiederzubekommen. Dazu nutzte er einen Streit zwischen den Patriziern und den Handwerkern aus. Die Handwerker waren unzufrieden, weil sie von den Patriziern bisher von allen Ämtern ausgeschlossen worden waren. Konrad zog sie auf seine Seite und verschwor sich mit ihnen gegen die Patrizier. Jetzt hatte er Verstärkung in Köln. Er nahm den Bürgermeistern, den Schöffen, den Mitgliedern der Richerzeche und den Münzerhausgenossen ihre Ämter weg. Die freien Stellen besetzte er mit einfachen Handwerkern, die er selbst ausgesucht hatte und die ihm treu ergeben waren. Die Patrizier vertrieb er aus der Stadt.

Der ehrgeizige Bischof Konrad hatte aber auch noch andere Interessen. Er sorgte dafür, daß in Köln etwas gebaut wurde, wodurch Köln bis heute berühmt ist – denn was kennt man in aller Welt von Köln? Natürlich den Kölner Dom!

Schon vor Konrads Zeiten wurde überlegt, anstelle des alten Hildebolddomes einen neuen, schöneren und größeren Dom zu bauen, der alle Kirchen Kölns überragen sollte. Konrad überzeugte alle Domgeistlichen, die sich Domkapitel nannten, und sie stimmten einem Neubau zu. Die Pläne für den neuen Dom fertigte Dombaumeister Gerhard an. Er hatte in Frankreich einen neuen Baustil kennengelernt, der Gotik genannt wird.

Am 15. August 1248 ging es in Köln feierlich zu, denn die vornehmsten Adeligen und Geistlichen von nah und fern wollten dabeisein, als Konrad den Grundstein für den neuen Dom legte. Bis der Dom, so wie wir ihn kennen, fertig wurde, vergingen Jahrhunderte. Erst vor etwas mehr als 100 Jahren, 1880, ist er fertig geworden.

Engelbert II. von Falkenburg und der Kampf an der Ulrepforte

Auch Engelbert II. von Falkenburg (1261–1274) wollte die Stadt wieder völlig beherrschen, und dazu war ihm jedes Mittel recht. Er besetzte mit seinen Truppen die Stadtmauer und ließ den Bayenturm und den Kunibertsturm noch stärker befestigen und ausbauen, so daß er sich in ihnen wie in einer Burg verschanzen konnte. Handwerker, Kaufleute und Patrizier sahen eine große Gefahr darin und hielten jetzt wieder fest zusammen. Sie kämpften gemeinsam mehrere Tage, um die Stadtmauer und die Torburgen wieder in ihren Besitz zu be-

17 Patrizier und Bürger stürmen den Bayenturm, Federzeichnung, 1619

kommen. Sie konnten Engelbert besiegen, nahmen ihn gefangen und hielten ihn drei Wochen lang in Haft.
Fast 400 Jahre später ist das Bild von der Erstürmung des Bayenturms entstanden. Engelberts Fahne, die ein schwarzes Kreuz auf weißem Grund zeigt, ist an den Türmen befestigt. Im Bild unten links stürmen schon die bewaffneten Kölner heran, die die Fahne mit den drei Kronen mit sich führen. Die Patrizier tragen ihre eigenen Fahnen, die ihr Familienwappen zeigen.
Nachdem Engelbert gescheitert war, mußte er die Vereinbarungen des »Großen Schied« anerkennen, doch lange hielt er sich nicht daran und suchte wieder Streit. Er wiegelte die Handwerker gegen die Patrizier auf und belagerte die Stadt. Doch jedesmal zog er den kürzeren und geriet sogar öfter in Gefangenschaft, zuletzt für mehr als drei Jahre.
Engelbert war schon seit mehr als einem Jahr auf der Burg Nideggen als Gefangener des Grafen von Jülich eingesperrt, als in Köln blutige Straßenkämpfe tobten. Zwischen den Patrizierfamilien der Overstolzen und der Weisen war ein alter Streit wieder aufgebrochen und führte zum Kampf. Sieger blieben die Overstolzen, und die Weisen wurden aus der Stadt vertrieben. Diese Niederlage wollten die Weisen nicht einstecken, und sie suchten sich starke Verbündete: Erzbischof Engelbert von Falkenburg, der ja immer noch hoffte, als oberster Herr und

Richter der Stadt zurückkehren zu können, seinen Bruder, Graf Dietrich von Cleve, und den Herzog Adolf V. von Limburg.
Gemeinsam planten sie, in der Nacht vom 14. auf den 15. Oktober 1268, in der Nähe der Ulrepforte, die Stadt zu überfallen. Der Sage nach war ihnen dabei der Schuster Havenith behilflich, der gegen reichlich Lohn ein Loch unter der Stadtmauer gebrochen haben soll, durch das die Angreifer in die Stadt gelangen konnten. Der Plan für den heimlichen Überfall wurde jedoch verraten, und als die Verbündeten durch das Loch in die Stadt kamen, wurden sie von den Overstolzen und vielen Verbündeten zurückgeschlagen.
In diesen blutigen Kampf sollen 5000 Bewaffnete verwickelt gewesen sein, von denen viele ihr Leben lassen mußten. Nur dieses einzige Mal konnte die Stadtmauer von Bewaffneten überwunden werden, und das auch nur durch Bestechung.
Nachdem Engelbert II. so erfolglos gegen die Kölner gestritten hatte, wollte er auch nicht mehr in Köln wohnen. Er zog sich nach Bonn und Brühl zurück.

Die Geschichte vom Schuster und Kerzenmacher Havenith

Rache an den Overstolzen und an den Kölnern! Das schworen sich die Männer der Familie der Weisen. Sie saßen in Bonn zusammen und überlegten mit ihren Freunden und Verbündeten, wie sie wieder in die Stadt Köln gelangen konnten.
Kurz zuvor waren sie nach einem Streit mit der Familie Overstolz aus Köln vertrieben worden und hatten sich in Bonn niedergelassen. Mächtige Verbündete für ihren Rachezug hatten sie schon gewonnen: den Bruder des Erzbischofs, Graf Dietrich von Cleve, und den Herzog Adolf V. von Limburg mit vielen Soldaten. Auch die Truppe des Erzbischofs hielt sich bereit. Jetzt brauchten sie nur noch einen guten Plan, wie sie die hohe, mächtige und gut bewachte Stadtmauer überwinden konnten. Bald glaubten sie, eine gute Lösung gefunden zu haben.
An der Stadtmauer, in der Nähe der Ulrepforte, lebte ein armer Schuster mit Namen Havenith. Wenn er keine Schuhe zu flicken hatte, zog er über Land und verkaufte Kerzen. Seine armselige Hütte war direkt an die Stadtmauer gebaut und durch Büsche und Gestrüpp so verdeckt, daß man sie kaum sehen konnte. Als Havenith wieder einmal hungrig und ohne Arbeit vor seiner Hütte saß, sah er zwei Männer auf prächtigen Pferden auf ihn und seine Hütte zureiten. Schon beim Absteigen

zog einer der Männer ein kleines Lederbeutelchen aus der Jacke. Er schwenkte es hin und her, so daß sein Inhalt klimperte, und hielt es Havenith vor die Augen. Die beiden Männer hatten ein Geschäft für Havenith, und er sollte den Inhalt des Lederbeutelchens, gutes Kölner Geld, als Lohn erhalten. Als Gegenleistung wurde von ihm verlangt, ein Loch und einen Gang unter der Stadtmauer zu graben, beides so groß, daß ein Pferd mit einem Reiter bequem hindurchgingen. Havenith war sprachlos, denn er dachte an seinen Lohn, und in seinem Kopfe tauchten die angenehmsten Dinge auf. Er sah sich auf dem Alter Markt die köstlichsten Dinge einkaufen: teuren holländischen Käse, Butter, Eier, Fisch vom Feinsten und zartes Geflügel. Dazu auserlesenen Wein, Mandeln, Datteln und Zucker aus der Apotheke. Aus seinen Gedanken aufgeschreckt sagte er das Geschäft zu. Er erhielt einiges Geld als Vorschuß und dann galoppierten die Männer zur Ulrepforte, um die Stadt in Richtung Bonn zu verlassen.
Nachdem Havenith seine Träume vom guten Essen wahrgemacht hatte, wartete er auf die Nacht, um mit der Arbeit beginnen zu können. Dann grub und buddelte er und packte seinen Rucksack voll Erde, um sie in den umliegenden Weinfeldern zu verteilen, damit niemand etwas merkte. So trieb er es Nacht für Nacht. Er lockerte die Steine der Stadtmauer in der Erde, und bald war hinter dem Loch schon ein kleiner Gang durch die Mauer gebrochen. Die Männer kamen wieder und kontrollierten die Arbeit von Havenith, entlohnten ihn und gaben die Anweisung, das Loch und den Gang bis zum 14. Oktober fertigzustellen. In der Nacht vom 14. auf den 15. Oktober sollte er das Gestrüpp, womit er das Loch zugedeckt hatte, entfernen. Havenith tat alles, wie es die Männer gesagt hatten, und in der Nacht kamen Tausende von Bewaffneten samt Pferden und drängten durch das Loch und den Gang, bis sie in der Stadt waren. In der Rheingasse und am Filzengraben schliefen die Overstolzen friedlich in ihren Betten bis sie durch das Geschrei »Zu den Waffen, zu den Waffen, die Weisen stehen an der Ulrepforte« geweckt wurden. Die Overstolzen fuhren aus ihren Betten, warfen sich in ihre Rüstung und sprengten in wildem Galopp zur Ulrepforte. Von allen Seiten kamen Kölner, die auf ihrer Seite standen hinzu, und an der Ulrepforte war ein stattlicher Haufen Kämpfer beisammen. Die Kölner waren wildentschlossen, die Weisen, den Grafen von Cleve und den Herzog von Limburg und alle Mannen wieder aus der Stadt zu vertreiben oder sie im Kampf zu töten. Nun floß Blut, und viele Kölner wurden getötet, darunter auch Mathias Overstolz, einer der Anführer. Aber auch die Gegenseite hatte Verluste. Der Graf von Cleve fiel nach einem Angriff tot vom Pferd, und einige seiner besten

Mannen mußten ihr Leben lassen. Die Weisen wurden zurückgedrängt und wollten auf dem Weg flüchten, auf dem sie gekommen waren. Es gab ein mächtiges Gedränge, denn alle wollten durch den Gang und das Loch aus der Stadt. Zum Schluß wollte noch der Herzog von Limburg flüchten, aber ein Kölner faßte ihn gerade noch, als er durch das Loch wollte, und hielt ihn fest. Er wurde gefangengenommen und mußte ein hohes Lösegeld bezahlen, damit die Kölner ihn wieder freiließen. Den Weisen und ihren Verbündeten war es nicht gelungen, wieder in die Stadt zu kommen.

Das Denkmal an der Ulrepforte

An der Stelle, an der angeblich Havenith das Loch gegraben hat, ließen die Kölner mehr als hundert Jahre später ein Denkmal in die Stadtbefestigung einmauern. Es trägt die Inschrift: Anno domini MCCLXVIII up der heilger more naicht do wart hier durch de mure gebrochen. Das heißt übersetzt: Im Jahre des Herren 1268 in der Nacht der heiligen Mohren, da wurde hier durch die Mauer gebrochen.
Das Denkmal zeigt im unteren Feld den Reiterkampf. Die beiden Engel mit den Schwertern kämpfen auf der Seite der Kölner, der Teufel auf der Seite des Erzbischofs. Die Reiter sind hier als Verlierer dargestellt, es sind also die Kämpfer der Weisen, des Erzbischofs und der Grafen. Auf den Zinnen im mittleren Feld stehen der heilige Gereon mit seinen Gefährten und die heilige Ursula mit den Jungfrauen. Die Kölner glaubten, daß die Stadtheiligen ihnen beim Kampf geholfen haben. Unter dem Stadtwappen, ganz oben, knien betend die beiden Bürgermeister unter dem Kreuz. Früher war das Denkmal farbig bemalt. Es hat auch etwas anders ausgesehen, denn bei einer Erneuerung ist es verändert worden.
Als die Stadtmauer vor etwas mehr als hundert Jahren abgerissen wurde, ließ man dieses Denkmal und ein Stück der Mauer mit den dazugehörigen Mauertürmen stehen. In der Nähe der Ulrepforte kann man es heute besichtigen. Allerdings ist das Denkmal nur eine Nachbildung, denn das Original steht heute im Kölnischen Stadtmuseum, damit es noch lange erhalten bleibt.

18 Die Schlacht an der Ulrepforte
Relief an der Stadtmauer am Sachsenring

Die Schlacht bei Worringen im Jahre 1288

Unter dem Erzbischof Siegfried von Westerburg (1275–1297) kam es zu einer großen Ritterschlacht, deren Ausgang für die Kölner endlich die Freiheit von der Macht der Erzbischöfe bedeutete.
Am Morgen des 6. Juni 1288 standen sich auf der Fühlinger Heide zwischen Worringen und Köln kampfbereite Heere gegenüber. Ungefähr 10 000 Kämpfer in Kriegsrüstung waren versammelt, davon fast die Hälfte Reiter auf wappengeschmückten Streitrössern mit Kettenrüstung, Waffenrock, Topfhelm, Schild, Lanze und Schwert. Dazu standen Krieger zu Fuß bereit, die mit Helm, Schild und den unterschiedlichsten Waffen ausgerüstet waren.
Auf der einen Seite stand der Erzbischof Siegfried von Westerburg mit seinen Verbündeten, den Grafen von Luxemburg und Reinald von Geldern, auf der anderen Seite Herzog Johann I. von Brabant, die Grafen von Berg und Jülich, Bergische Bauern und die Kölner Bürger. Die Kölner waren also zum Kampf gegen ihren Erzbischof angetreten. Wie ist es dazu gekommen?
Es gab Streit um das Herzogtum Limburg. Nach dem Tode des Herzogs Walram IV. und seiner Tochter sollte Reinald von Geldern das Herzogtum erben. Dagegen protestierten der Graf von Luxemburg und der Graf von Berg, die sich selbst als Erben fühlten und das Herzogtum

19 Die Schlacht bei Worringen im Jahre 1288, Federzeichnung, 1571

besitzen wollten. Schließlich verkaufte der Graf von Berg das Herzogtum an Jan I. von Brabant. Das gefiel weder Reinald von Geldern und dem Graf von Luxemburg noch dem Kölner Erzbischof.
Erzbischof Siegfried von Westerburg besaß auch große Teile des heutigen Landes Nordrhein-Westfalen. Er sah Gefahr für sein Land, wenn der Herzog von Brabant sein Territorium zum Rhein hin erweiterte. Um das zu verhindern, verbündete er sich mit Reinald von Geldern und den Grafen von Luxemburg.
Obwohl die Kölner mit diesen Streitereien eigentlich nichts zu tun hatten und mit dem Erzbischof in Frieden lebten, stellten sie sich gegen ihren Stadtherren. Der Grund dafür war, daß er eine Burg in Worringen errichtet hatte, durch die die Kölner sich bedroht fühlten. Sie befürchteten auch, daß ein Erzbischof, der außerhalb Kölns stark und mächtig war auch versuchen könnte, die Macht über Köln vollständig wiederzuerlangen. Umgekehrt hofften sie, daß ein Erzbischof, der die Schlacht verliert, auch in Köln seine Macht einbüßt.
Die Kölner stellten sich auf die Seite Jans I. von Brabant und hofften auf einen Sieg. Sie hatten Glück. In der Schlacht wurde der Fahnenwagen des Erzbischofs, eine kleine, rollende Festung mit Zinnen, der die Fahne als Herrschaftszeichen trug, erobert. Er wurde umgeworfen und die Fahne heruntergerissen. Der Erzbischof wurde gefangengenommen und hatte die Schlacht verloren. Herzog Jan I. von Brabant und die Kölner waren die Sieger. Die Kölner hatten sich auf die richtige Seite geschlagen. Mit der Niederlage Siegfrieds von Westerburg in der Schlacht bei Worringen war die Herrschaft der Erzbischöfe in Köln zu Ende.
Köln war ab nun freie Reichsstadt, die nur dem Kaiser direkt unterstand und die von den Bürgern selbst verwaltet und regiert wurde.
Die Urkunde dazu bekamen sie allerdings erst viel später. Im Jahre 1475 bestätigte ihnen Kaiser Friedrich II. im sogenannten Reichsstadtprivileg, daß die Erzbischöfe nicht mehr Stadtherren von Köln sind.
Um den langen Kampf der Bürger gegen ihren Stadtherrn, den Erzbischof, nicht zu vergessen, haben die Kölner eine Sage dazu erfunden.

Der Kampf mit dem Löwen

Bürgermeister Grin war ein beliebter Mann in Köln. Bei den reichen und vornehmen Familien war er ein gern gesehener Gast, und man glaubte ihm, daß er die Interessen der Bürger gut vertrete. Gegen den

Erzbischof wehrte er sich nach Kräften, um die einmal gewonnenen Freiheiten der Bürger zu verteidigen.
Der Erzbischof betrachtete Bürgermeister Grin mit Mißtrauen, hatte er doch Angst, noch mehr an Macht und Einfluß zu verlieren. Langsam wuchs in ihm der Plan, den gehaßten Bürgermeister aus dem Wege zu schaffen.
Dem Erzbischof dienten damals zwei Domherren, die ihm so untergeben waren, daß sie alles für ihn taten. Eines Tages erschienen die Domherren bei Bürgermeister Grin und baten ihn freundlichst, doch einmal zu ihnen auf ein gutes Essen zu kommen. Man könne ja bei dieser Gelegenheit einiges besprechen und sich so wieder besser verstehen, was ja für beiden Seiten von Vorteil wäre. Der Bürgermeister wunderte sich, doch er konnte die freundliche Einladung nicht ablehnen und sagte zu.
Das Essen war vorzüglich, und auch der Wein, der reichlich genossen wurde, war von erlesener Qualität. Man unterhielt sich angeregt, und alles schien in bester Ordnung.
Die Domherren hielten sich in dem Gewölbe ihres Hauses einen Löwen. Das war damals etwas sehr Außergewöhnliches. Als die beiden Domherren Hermann Grin vorschlugen, den Löwen anzusehen, war er sofort einverstanden, denn er wußte ja nicht, ob er solch ein exotisches Tier jemals in seinem Leben wieder zu Gesicht bekommen würde. Je näher sie dem Gewölbe kamen, desto deutlicher hörten sie das fürchterliche Brüllen des Löwen. Die Domherren hatten ihm seit Tagen kein Futter mehr gegeben, und das Tier sprang wild brüllend und fauchend in seinem Zwinger herum. Der Bürgermeister stand mit gemischten Gefühlen und in einigem Abstand vor dem Zwinger. Er fand es einerseits interessant, so ein wildes Tier ganz aus der Nähe zu sehen, andererseits machte es ihm auch gehörige Angst. Als er einen Schritt auf den Zwinger zu machte, riß plötzlich einer der Domherren das Gatter hoch, während der andere ihm von hinten einen kräftigen Stoß gab. Der Bürgermeister Hermann Grin saß in der Falle. Das Gatter fiel zu und Hermann hörte, wie die beiden Domherren davonrannten. Der Löwe war verstummt, weil er glaubte, nun endlich auch sein Futter zu bekommen. Er duckte sich und setzte zum Sprung an, um seine Beute zu zerfleischen. Doch Hermann Grin reagierte blitzschnell. Er riß sich seinen Umhang von den Schultern und wickelte ihn um seinen linken Arm. Als der Löwe ihn ansprang, rammte er ihm den gepolsterten Arm in den Rachen, zog sein kurzes Schwert und stach es dem Löwen zwischen die Rippen, genau ins Herz. Der Löwe brach zusammen, und Blut floß auf den Boden des Zwingers. Kurz darauf war der Löwe tot. Hermann

stand regungslos und erschöpft vor dem toten Tier. Dann wischte er sich den Schweiß von der Stirn und hockte sich an die Wand des Gewölbes. Eine Weile mochte vergangen sein, als er laute Stimmen hörte. »Bürgermeister, Herr, wo seid ihr? Wo ist unser toter Herr?« Aufgeregt und atemlos standen seine beiden treuen Diener vor ihm. Sie glaubten eine Leiche zu finden, doch der Bürgermeister lebte ja! Sie berichteten ihm, daß die beiden Domherren durch die ganze Stadt laufen und überall erzählen, es wäre ein schreckliches Unglück geschehen. Der Bürgermeister wäre ganz aus Versehen in den Zwinger geraten und vom Löwen gefressen worden.
Bald war Bürgermeister Grin wieder bei Kräften, und zu dritt machten sie sich auf den Heimweg. Unterwegs kam ihnen viel Volk entgegengelaufen und Hermann erzählte allen, was sich zugetragen hatte. Wütend und empört griffen Männer und Frauen zu Stöcken, Besen, Mistgabeln und sonstigen Gerätschaften, um Rache an den hinterhältigen Domherren zu üben. Sie wurden auch bald gefunden, vor Gericht gestellt und zum Tode verurteilt. An einem Torbalken, am Domkloster, wurden sie aufgehangen und jeder Kölner konnte sie dort baumeln sehen. Zum Andenken nannte man dieses Tor die Pfaffenpforte, denn Geistliche nannte man auch etwas verächtlich Pfaffen. Es war die umgebaute Durchfahrt des römischen Nordtores mit der Inschrift CCAA. Dieser Torbogen ist heute noch im Römisch-Germanischen Museum ausgestellt.
Die Geschichte vom Bürgermeister Grin wurde von Künstlern oft auf Gemälden, Zeichnungen und auch in Stein dargestellt. Denn genauso

20 Der Löwenkampf des Bürgermeister Grin, die Pfaffenpforte und die Schlacht bei Worringen, Kupferstich, 1571

wie der Bürgermeister Grin den Löwen besiegte, besiegten die Kölner ihren Erzbischof. Einen Bürgermeister Grin hat es nämlich nicht gegeben. Aber die Familie war in Köln sehr bekannt und sie führten drei Löwen, die das Maul aufsperren, in ihrem Wappen.

Die Patrizier herrschen in der Stadt

Nach dem Sieg über den Erzbischof in der Schlacht bei Worringen übernahmen die reichen, vornehmen Patrizier die Macht. Diese Familien behaupteten, daß ihre Vorfahren schon unter den Römern zu den besonders edlen Familien in Köln gehörten. Die Familien Overstolz, Hardevust, Kleingedank, Aducht, Lyskirchen, Birkelin, Hirzelin, Jude und andere wollten die Macht in der Stadt alleine ausüben. Die meisten dieser Familien waren durch den Handel reich geworden. Sie hatten gute Beziehungen und viel Erfahrung bei Aufgaben, die die Gemeinschaft betrafen. Das verschaffte ihnen Achtung und Ansehen in der Stadt. Die Patrizier herrschten etwas mehr als 100 Jahre in der Stadt.

21 Kölner Familienwappen

Handwerker und Kaufleute übernehmen die Macht

Mit der Zeit waren aber auch andere in der Stadt reich geworden und zu Ansehen gelangt. Handwerker und Kaufleute setzten sich für die Gemeinschaft ein und konnten im »Weiten Rat« ein wenig Anteil an der Verwaltung und Regierung der Stadt erlangen. Aber sie wollten mehr Einfluß nehmen und auch hohe Ämter bekleiden. Doch die Patrizier beteiligten sie kaum an wichtigen Entscheidungen, die sie in ihrem »Engen Rat« trafen.

Bald breitete sich Unruhe aus, denn Kaufleute und Handwerker verlangten immer lauter nach Mitsprache. Es dauerte nicht lange und man stand sich mit den Waffen in der Hand gegenüber. Allen voran die Zunft der Weber. Sie waren die reichste und stärkste Zunft und hatten den größten Einfluß auf die anderen Zünfte. Es kam zu einem blutigen Kampf zwischen den Patriziern und den Webern. Der Kampf entschied: die Patrizier mußten wichtige Ämter an die Weber abgeben. Aber die Weber regierten die Stadt nicht besser, denn auch sie waren machtbesessen. Ihre Herrschaft dauerte nicht lange, denn bald gewannen die Patrizier noch einmal die Oberhand. In einem grausamen Kampf gelang es den Patriziern, wieder die Herrschaft zu übernehmen und die Weber zu verdrängen. Doch lange konnten sie sich nicht mehr an der Macht halten, denn Streitereien unter ihnen schwächten sie. Am 18. Juni 1396 übernahmen die Handwerker und Kaufleute die Macht in Köln und das für vier Jahrhunderte.

22 Der Weberaufstand

In der mittelalterlichen Stadt

Eine Mauer mit Toren und Türmen um eine Stadt war im Mittelalter nichts Außergewöhnliches. Die Mauer grenzte die Stadt vom umliegenden Land ab, und die Menschen lebten geschützt vor Überfällen und Eroberungen. Anders als auf dem Lande galten im städtischen Gebiet für alle Bürger die gleichen Regeln, Gesetze und Freiheiten. Durch die Mauer war auch das Stadtgebiet übersichtlicher, denn an den Toren konnte kontrolliert werden, wer die Stadt besuchte und ob er willkommen war oder nicht. Auch ein Stadtbewohner konnte nicht so einfach die Stadt verlassen, wenn er zum Beispiel etwas Unrechtes getan hatte und von den städtischen Behörden gesucht wurde.
Wer im späten Mittelalter von der Landseite in die Stadt gelangen

23 Ansicht der Stadt Köln von Westen

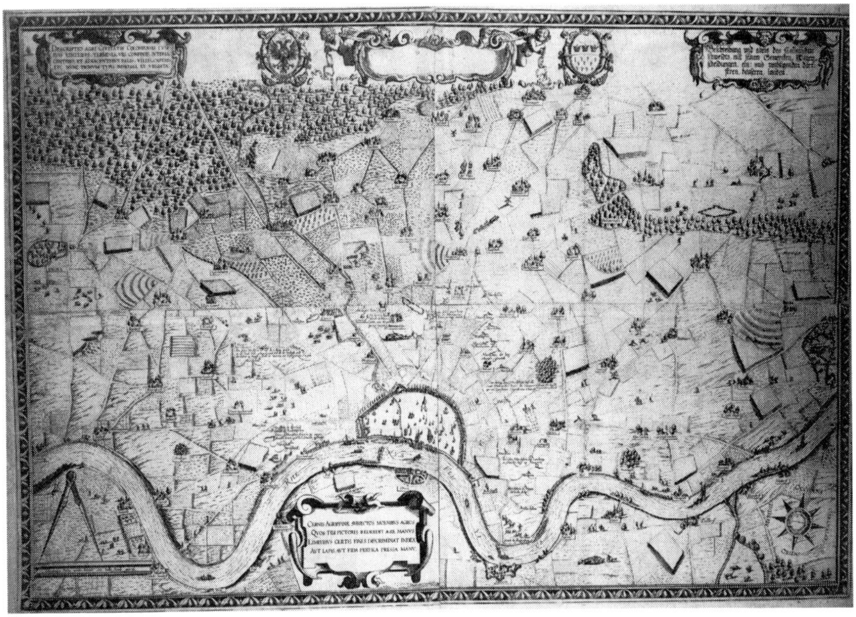

24 Plan von Köln und Umgebung, um 1610

wollte, betrat schon vor der Mauer ein zwei bis drei Kilometer breites Gebiet, das zur Stadt gehörte. Das war der Burgbann. Hier lagen Felder und große Bauernhöfe, die reichen Bürgern, den Klöstern oder der Stadt gehörten. Im Burgbann und auch außerhalb lag auch das Weideland, auf dem Kühe, Schafe und Pferde grasten. Dazu kamen Mühlen, Wirtschaftsbetriebe und die Spitäler für die Leprakranken, die außerhalb der Stadt leben mußten.
Hatte der Besucher das Vorland durchquert, mußte er eines der Stadttore passieren, und zwar zur rechten Zeit. Wenn er zu spät kam, nämlich nach »Toresschluß«, mußte er die Nacht vor den Toren der Stadt verbringen, und auch am nächsten Morgen konnte er das Tor nicht einfach passieren. Zumindest die Waren, die man in die Stadt bringen wollte, wurden kontrolliert. Die Burggrafen, die in den Torburgen wohnten, hielten mit ihren Knappen treue Wacht, und mit scharfem Auge beobachteten sie alles, was an den Toren einzog. Schnell machten sie dem Rate Mitteilung, wenn sich etwas Verdächtiges in der Nähe der Stadt regte.
Es gibt wenige Städte in Deutschland, die im Mittelalter so bekannt waren wie Köln. Viele Künstler stellten später die Gesamtansicht der Stadt auf Bildern dar. Dabei wählten sie seit dem 15. Jahrhundert die Sicht von Deutz auf das gegenüberliegende Kölner Rheinufer, an dem un-

zählige Schiffe lagen und reger Verkehr herrschte. Von hier aus waren die zahlreichen Kirchtürme, der Dom, der Rathausturm, einige Torburgen der Stadtmauer, Windmühlen und die unterschiedlichen Häuserfassaden und Giebel besonders gut zu sehen, und es war ein prächtiger Anblick.

In der Nähe der Stadtmauer zeigte die Stadt jedoch ganz und gar nicht das glanzvolle Aussehen, das sie vom Rheinufer aus hatte. Dicht bei der Mauer lagen die schlechten Stadtviertel. Die meisten Straßen waren eng und verwinkelt, dunkel und schmutzig. Hier sah es aus, wie auf dem Lande. Die Häuser waren klein und niedrig und mit Stroh gedeckt. Misthaufen lagen vor den Türen und die Viehställe waren gleich neben die Häuser gebaut, vor denen die Ackergeräte auf der Straße lagen. Hier lebten Bauern, Bettler, Müßiggänger und Tagelöhner, die sich ihre ärmlichen Hütten zum Schutz gegen Wind und Wetter direkt an die Stadtmauer oder in deren steinerne Bögen gebaut hatten. Trotz vieler Gärten und Weinfelder waren manche Straßen und Gassen dumpf und düster, denn sie waren von Mauern umgeben, die den Blick versperrten. An der Stadtmauer war der Schmutz und Unrat besonders bedrohlich, denn die Abfälle waren ein großes Problem. Es gab noch keine Müllabfuhr, die regelmäßig jede Woche den Dreck und Müll abholte. Er blieb oft einfach liegen, und so verbreitete sich ein übler Geruch auf den Straßen und in der ganzen Stadt. Damals klagte der Kölner Bürger Hermann von Weinsberg schwer über diese Zustände in seinem Wohnviertel. Die Bewohner seiner Straße konnten kaum über den Waidmarkt zur Kirche gehen, weil dort der Schmutz so hoch lag.

25 Ansicht der Stadt Köln (Ausschnitt)

Schuld daran waren vor allem die Handwerker. Sie warfen ihre Reste und Abfälle einfach auf die Straße. Natürlich wurden sie oft vom Rat ermahnt, ihren Dreck wegzuschaffen und die Stadt sauberzuhalten. Einige sahen das auch ein. Sie beauftragten ihre Lehrjungen, den Abfall in Körben an die Stadtmauer zu tragen. Doch die Lehrjungen wußten, wie sie die schwere Last am besten loswurden. Sie bohrten Löcher in die Körbe, und der Dreck rieselte dann langsam hindurch und verteilte sich so wieder gleichmäßig auf den Straßen der Stadt.
Viele Bewohner Kölns hielten sich Schweine. Das war praktisch und billig. Die Schweine fraßen alles, und ein fettes Schwein lieferte viel Fleisch. Auf den Straßen und Gassen liefen die Schweine frei herum und wühlten und schnüffelten in den Abfallrinnen herum, die mitten in den Straßen lagen. Das verpestete die Luft natürlich noch mehr, weil der Abfall ständig aufgewühlt wurde. Der Rat der Stadt verbot zwar den Besitzern, die Schweine frei herumlaufen zu lassen, aber fast niemand kümmerte sich darum. Sogar die Drohung, die Schweine einzufangen und sie dem Waisenhaus zu schenken, änderte nichts daran. Die Eltern hatten sogar Angst, ihre kleinen Kinder auf der Straße spielen zu lassen, weil sie von den Schweinen umgerannt und verletzt werden konnten.
Zum Vergnügen ging ohnehin niemand auf die Straße. Man mußte schon etwas besorgen oder geschäftlich unterwegs sein, um sich über die holprigen, schlammigen, engen Straßen zu bewegen, auf denen die Fuhrleute mit ihren vollbeladenen Karren kaum aneinander vorbeikamen. Mit Geschrei und Gekreisch schlugen und peitschten sie die Pferde und Ochsen dann aneinander vorbei, so daß es für die Fußgänger lebensgefährlich war. Dazwischen bewegten sich Händler, die mit lauter Stimme ihre Waren anpriesen.

26 Transport mit Pferdefuhrwerken

27 Berittene Wächter sorgten für Ruhe und Ordnung

Am Abend wollte jeder zu Hause sein, denn bei Einbruch der Nacht war es sehr dunkel auf den Straßen. Leicht konnte man in den Abfallrinnen, den Pfützen und Löchern versinken, denn eine Straßenbeleuchtung gab es nicht. Nur hin und wieder brannte an einem Klostereingang oder unter dem Torweg eines öffentlichen Gebäudes ein mattes Öllämpchen. Mußte man bei Dunkelheit sein Haus verlassen, nahm man eine Laterne mit oder mietete einen Leuchtenmann, der einem den Weg durch die dunkle Stadt wies. In der Nacht sorgten zwölf berittene Nachtwächter für die Ruhe und Sicherheit in der Stadt. Sie versammelten sich im Sommer um zehn Uhr und im Winter um neun Uhr abends und machten die Runde am inneren Stadtwall vorbei und kontrollierten auch die Stadttore, ob sie ordentlich verschlossen waren.

Die Stadtmauer

Auf ihre Stadtmauer waren die Kölner Bürger besonders stolz. Über 700 Jahre lang wurde das 401 Hektar große Stadtgebiet von dem mächtigen Mauerring umschlossen. Diese große Festungsanlage war einmalig in Deutschland und schützte die Menschen nicht nur vor Angriffen und Überfällen, sondern stand auch für die Freiheit und Selbständigkeit der Bürger.

Als im Jahre 1180 mit dem Bau der großen Stadtbefestigung begonnen wurde, war der Erzbischof noch Stadtherr von Köln. Nur er und der Kaiser hatten eigentlich das Recht, die Stadt zu befestigen. Doch die Kölner hatten Angst vor einer kriegerischen Bedrohung im Streit zwischen dem Kaiser Barbarossa und Heinrich dem Löwen. Deshalb beschlossen sie eigenmächtig, eine neue, starke Befestigung zu bauen. Auch die vor der alten Befestigung liegenden Kirchen, Klöster und Wohnhäuser sollten in das Stadtgebiet einbezogen werden, damit der Feind keinen Stützpunkt vor der Stadt errichten konnte. So verdoppelte sich die Fläche der Stadt. Sie wurde so groß, daß noch genügend Platz für Weinfelder, Baum- und Obstgärten vorhanden war. Für Jahrhunderte hatte sie jetzt noch genügend Raum für die Menschen.
Das eigenmächtige Vorgehen der Bürger führte natürlich zum Streit mit dem Erzbischof Philipp von Heinsberg. Erst, nachdem die Bürger 2000 Mark – von diesem Geld konnte man damals vielleicht 45 Häuser kaufen – an Philipp von Heinsberg bezahlt hatten, überließ er ihnen

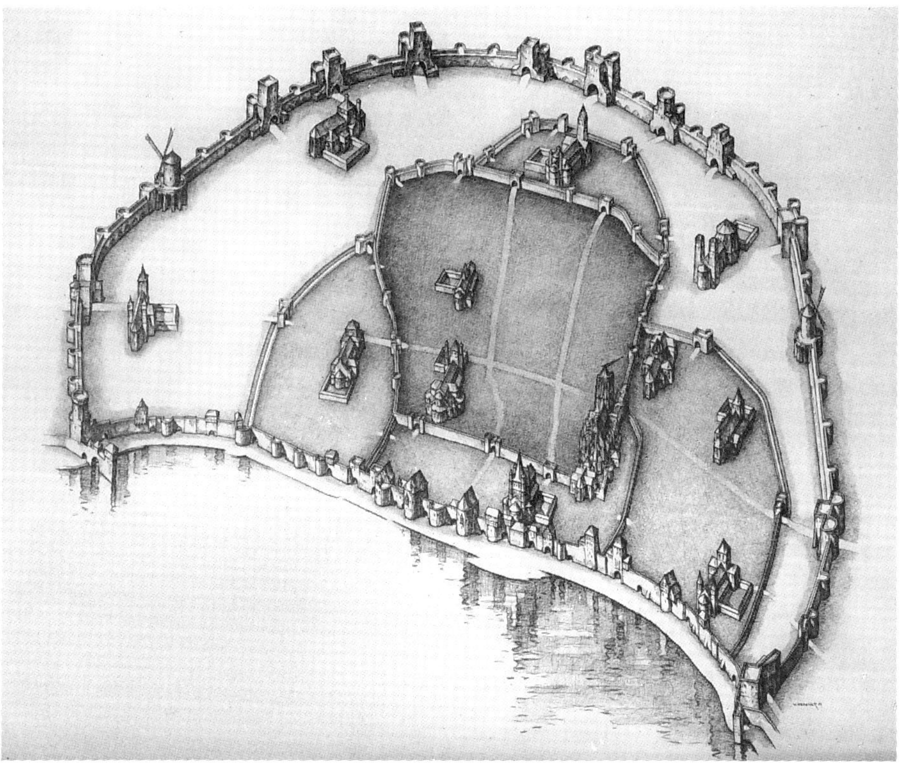

28 Die Befestigungen von Köln

das Recht der Befestigung, und die Mauer durfte zu Schmuck und Schutz der Stadt stehenbleiben und weitergebaut werden. Von Kaiser Otto IV. bekamen sie sogar für drei Jahre die Erlaubnis, eine besondere Steuer, die Brau- und Mahlsteuer zu erheben, damit sie von dem Geld die teure Festungsanlage weiterbauen konnten.
Der Bau der größten Stadtbefestigung, die je eine mittelalterliche Stadt umgeben hat, war eine große Aufgabe über eine lange Zeit. Ein Menschenleben reichte nicht aus, um die Mauer fertigzustellen. Hatte der Großvater schon als Bauarbeiter oder Steinmetz an ihr gearbeitet, mußten der Sohn und der Enkel auch noch daran weiterbauen, denn 80–100 Jahre dauerte es, bis die 7,5 Kilometer lange Mauer mit 12 gewaltigen Torburgen, 52 Wehrtürmen und dazu noch der Stadtgraben fertig waren. Viele Menschen fanden Arbeit an den Baustellen. Steinbruch-Arbeiter, Schiffer, Transport-Arbeiter, Steinmetzen und Architekten wurden gebraucht. Schon allein die Steinmenge, die für den Bau nötig war, wog eine Million Tonnen – etwa so viel, wie eine Million

29 Lastkran am Rheinufer

Autos. Es gab damals noch keine Elektrokräne, die schwere Lasten mühelos in die Luft heben konnten, keine Gabelstapler, keine Lastwagen und alle die technischen Hilfsmittel, die heute das Bauen erleichtern. Damals wurden neuere, größere Rheinschiffe entwickelt, die die Steinmengen in Portionen von 100 Tonnen – etwa so viel, wie 100 Autos wiegen – aus dem Siebengebirge oder aus anderen Steinbrüchen auf dem Rhein nach Köln transportieren konnten. Aus den Schiffen wurden die Steine mit Kranen gehievt, die mit Menschenkraft oder mit Hilfe von Tieren betrieben wurden. Im Innern des Krangehäuses befand sich ein hohes Tretrad, ähnlich wie ein Laufrad im Hamsterkäfig. Darin gingen meist mehrere Männer und bewegten durch ihr eigenes Gewicht das Lastseil auf und nieder. Dann aber mußten die Steine von Pferden und Ochsen in vielen hundert Wagenladungen zu den Bauplätzen geschafft werden. Hier wurden sie von Steinmetzen zurechtgehauen und von den Arbeitern verbaut. Zu dieser Zeit wurde die Schubkarre erfunden, und das war eine große Erleichterung. Vorher mußten auch kleinere Lasten auf dem Rücken oder mit den Händen getragen werden. Auch Zimmerleute waren nötig. Sie bauten die vielen Schiffe und Wagen, die zum Transport der Steine nötig waren. Es gab mehrere Arten von Wagen: Große Transportwagen, Spezialwagen für Schwertransporte, normale vierrädrige Wagen und auch Wagen mit nur zwei Rädern. Für die Gerüste beim Mauerbau und den Wehrgang aus Holz, der oben auf die steinerne Mauer gesetzt wurde, brauchte man auch die Arbeit der Zimmerleute.

30 Erleichterung für die Lastenträger brachte die Erfindung der Schubkarre

31 Baubetrieb in Köln

Im Verlauf weiterer hundert Jahre kam es häufig zu Streitereien zwischen den Erzbischöfen und den Bürgern. Immer wieder versuchten die Erzbischöfe, die Stadt wieder völlig unter ihre Herrschaft zu bringen und das Recht auf die Stadtbefestigung zurückzugewinnen. Der Erzbischof Engelbert von Falkenburg (1261–1274) nahm sich im Jahre 1262 die Stadtbefestigung mit Gewalt und baute den Bayenturm und den Kunibertsturm, also die beiden Wehrtürme am Rhein, zu Zwingburgen aus. Von hier aus wollte er seine Macht als alleiniger Stadtherr zurückerobern. Aber die Kölner wehrten sich. Bürger, Handwerker und Kaufleute hielten fest zusammen und in wildem Ansturm eroberten sie die Festungsanlagen zurück und nahmen den Erzbischof gefangen. Nach dieser Niederlage wollte Engelbert auch nicht mehr in Köln wohnen. Er verlegte seine Residenz nach Brühl und Bonn. Wenn er zu Besuch nach Köln kommen wollte, mußte er feierlich versprechen, die Freiheiten der Kölner nicht mehr einzuschränken. Erst danach hatte er Zutritt zur Stadt.
Im Oktober 1268 versuchten Verbündete des Erzbischofs Engelbert von Falkenburg bei der Ulrepforte in die Stadt einzudringen. Es soll sich um 5000 Bewaffnete gehandelt haben. Doch auch gegen diesen Überfall konten die Kölner sich siegreich wehren. Erst der Sieg in der Schlacht bei Worringen am 5. Juni 1288 brachte den Kölnern die Unabhängigkeit von ihrem Stadtherrn, dem Erzbischof, dem nur wenige

32 Der Überfall an der Ulrepforte im Jahre 1268, Federzeichnung, 1619

Rechte blieben, wie das Hochgericht mit seinen Strafen an Leib und Leben. Nun konnten die Bürger ihre Stadt selbst regieren. Bis zum Jahre 1794 hatten sie keinen anderen Herren mehr über sich als den König oder Kaiser.
Die Sicherheit der Stadtmauer war den Kölnern sehr wichtig, und sie gaben sehr viel Geld dafür aus. Im Laufe der Jahrhunderte wurde sie ständig überprüft, verbessert und auf den neuesten Stand gebracht. Die Erfindung des Schießpulvers machte es nötig, die Mauer noch stärker zu sichern. Dicht vor der Mauer wurden noch zusätzliche Bollwerke errichtet, die den ersten Anprall des Feindes auffangen sollten. Der Wall vor und die Wehrgänge auf der Mauer wurden verstärkt. Der Bayenturm im Süden der Stadt und der Kunibertsturm im Norden erhielten Wachhäuser, die in den Rhein gebaut waren. Durch weitgespannte Bögen und Wehrgänge wurden sie über den Weg entlang des Rheins mit den Türmen der Burgen verbunden. Zur Sicherheit legte man vor dem Graben gleich noch einen zweiten an und bepflanzte ihn mit Hecken. Bei besonders gefährlichen, kriegerischen Situationen setzten die Bürger alles daran, für einen Angriff gerüstet zu sein: Die

33 Die Kunibertstorburg und das Türmchen, das heute Weckschnapp genannt wird

Wälle wurden erhöht und die Gräben vertieft. Die kleineren Stadttore mauerte man zu. Im Gelände vor der Mauer wurden die Bäume und Pflanzen abgehackt. Häuser, Höfe und sogar Kirchen wurden zerstört und dem Erboden gleichgemacht, damit sich kein Feind darin verschanzen konnte. Der Rhein wurde streng kontrolliert und für jedes verdächtige Schiff gesperrt.
Einige Stadttore wurden im Laufe der Jahrhunderte zugemauert und nur ein kleiner Durchgang für die Fußgänger offengelassen. Zwei Torburgen, das Gereonstor und das Bachtor, wurden sogar ganz zugemauert und spielten für den Verkehr keine Rolle mehr. Das Severinstor, das Eigelsteintor und das Hahnentor, die alle drei heute noch erhalten sind, waren die Hauptzufahrten in die Stadt.
Die Türme der gewaltigen Torburgen dienten nicht nur der Verteidigung. Viele von ihnen wurden als Gerichtshäuser genutzt und gleich dazu als Gefängnisse ausgebaut. Ein besonders strenges Gefängnis befand sich im Kunibertsturm. Hier wurden peinliche Verhöre durchgeführt und die Folterwerkzeuge aufbewahrt. Für schwere Verbrechen wurde man ja damals noch mit dem Verstümmeln des Körpers bestraft. Heute erinnert uns noch ein kleines, rundes Türmchen am nördlichen Rheinufer daran, daß in der nahegelegenen Kunibertstorburg ein schlimmes Gefängnis war. Das Türmchen wird »Weckschnapp« genannt und die Kölner erzählen folgende Geschichte dazu: In dem Gefängnisturm hing ganz oben an der Decke ein »Weck« oder ein Milchbrötchen. Der ausgehungerte Gefangene schaute sehnsüchtig zur Decke und wollte den Weck natürlich haben, um seinen Hunger zu stillen. Wenn er schließlich hochsprang, um an den Weck zu kommen, öffnete sich durch die Wucht des Aufsprungs eine Falltüre im Boden. Der Gefangene stürzte in die Tiefe und wurde durch ein eingebautes Messerwerk elendig zerstückelt und in den Rhein gespült.
Zeitweise benutzte man die Torburgen und Türme der Stadtbefestigung auch, um Salz in ihnen zu lagern. Salz war im Mittelalter ein wichtiges Handelsgut, denn es wurde nicht nur zum Salzen der Speisen gebraucht, sondern auch um Fleisch, Fisch oder Gemüse, zum Beispiel Kohl, haltbar zu machen. Deshalb war es wichtig, für Notzeiten Vorräte anzulegen und sie sicher und trocken aufzubewahren.
Hinter den dicken Mauern der Stadtbefestigung fühlten sich die Bewohner Kölns sicher, denn die Bewachung und Verteidigung lag in ihren eigenen Händen. Im Grundgesetz für die Stadt Köln, dem Verbundbrief, wurde 1396 festgelegt: »Alle Bürger sind verpflichtet zur Abwehr eines Überfalls, alle Bürger sind gehalten zur Teilnahme an Kriegszügen der Stadt, alle Bürger sind verpflichtet, die Wache zu hal-

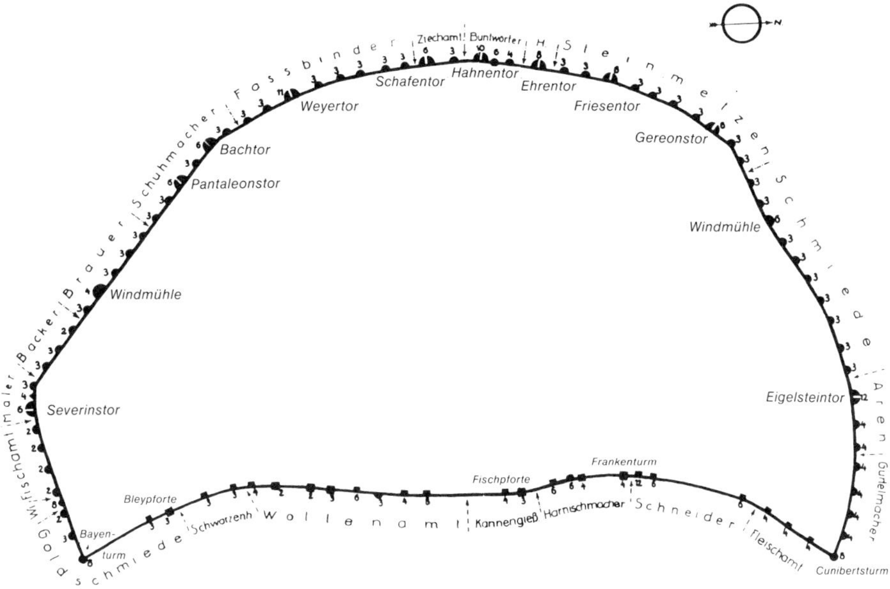

34 Kaufleute und Handwerker organisieren die Verteidigung ihrer Stadt

ten.« Jeder Bürger mußte eine militärische Ausrüstung besitzen. Dazu gehörte nach einer alten Verordnung: »harnesch, Spieß, helbarden, Mosketen, lanzen«. Die Waffenausrüstung war nach Art und Umfang unterschiedlich, je nach dem Vermögen der Bürger. Die Rüstung war von einer Pfändung ausdrücklich ausgeschlossen. Reichere Bürger waren verpflichtet, ein Pferd zu unterhalten. Sie kämpften auch nicht mit dem Spieß oder der Hellebarde, sondern mit dem Schwert. Deshalb nannten sie die einfachen Bürger, die nur einen Spieß besaßen, auch sehr verächtlich die Spießbürger.

Zur besseren Übersicht war die Stadtmauer in viele Abschnitte eingeteilt. Für jeden Abschnitt waren Kaufleute und Handwerker zuständig, die den gleichen Beruf hatten. So mußte zum Beispiel der Teil der Mauer um den Bayenturm von den Goldschmieden, der Teil um das Severinstor von den Malern und der Teil um die Ulrepforte von den Brauern bewacht werden. In einer alten Vorschrift heißt es: »Die Bürger und Eingesessenen, denen geboten wird, auf einem Turm oder einer Pforte zu wachen, sollen solchem Befehl treu nachkommen und von Remigius bis Ostern (1. Oktober bis Ostern) des Abends um neun Uhr und von Ostern bis Remigius um zehn Uhr auf ihre Posten gehen und daselbst bleiben, bis der Wächter des Morgens den Tag anbläst. Wer die Wache zu halten hat, soll erscheinen mit Harnisch und Waffen

35 Die Schlüssel zu den Kölner Stadttoren

und den Harnisch die Nacht hindurch anhalten, und wenn er wegen Alters oder Leibesschwäche dazu nicht im Stande ist, soll er einen bewaffneten Knecht mitbringen, oder einen anderen vereideten Bürger statt seiner schicken. Der Burggraf darf nicht gestatten, daß die Wächter sich die Zeit mit Dobbeln oder einem anderen Spiel vertreiben.« In Zeiten der Gefahr wurden die Wachen auf den Türmen, Toren und auf der Stadtmauer verstärkt. Die Wachen durften ihren Standort niemals verlassen, und wenn sich etwas Verdächtiges zeigte, mußten sie ein Zeichen mit dem Horne geben. Näherte sich ein Feind den städtischen Mauern, mußten die Büchsenmeister und Schützen auf die Türme und Mauern, um den Feind mit schweren Geschützen, den Donnerbüchsen, begrüßen zu können.

Die Reste der mittelalterlichen Stadtmauer

Vor rund hundert Jahren, genauer gesagt ab dem 11. Juni 1881, wurde die große mittelalterliche Stadtmauer abgebrochen. Um eine Einnerung an sie zu haben, einigte man sich darauf, einige Tore, Mauertürme und auch kurze Mauerstücke stehenzulassen.

36 Der Abbruch der Stadtmauer am Thürmchenswall 1889

Der Bayenturm

Am südlichen Rheinufer steht der Rest des Bayenturmes. Durch starke Schäden im Zweiten Weltkrieg gleicht er mehr einer Ruine. Einst war er das Symbol für die Bürgerfreiheit. Auf alten Darstellungen und Stadtansichten wird er oft gewaltiger als der Kölner Dom gezeigt. Vor kurzer Zeit hat der heutige Rat der Stadt beschlossen, den Bayenturm wieder so aufzubauen, wie er einstmals gewesen ist.

Die Bottmühle

Vom Bayenturm aus in Richtung Westen ragt über den Häusern die auf dem ehemaligen Stadtwall erbaut sind, der Bottmühlenturm empor. Der Bott war zuerst nur eine erhöhte Plattform an der Innenseite der Mauer. Er diente als Verteidigungstützpunkt. Später errichtete man auf dem Bott den Bottmühlenturm. Weil er beim Abriß der Mauer nicht der Stadt Köln gehörte, blieb er stehen und wurde von seinem Besitzer instandgesetzt und ausgebaut.

37 Der Bayenturm

Das Severinstor

Das Severinstor steht am Eingang der Straße, die genau von Süden nach Norden ganz Köln durchzieht. Es ist die alte Römerstraße, auf der man noch heute die Stadt durchqueren kann. Das Severinstor war das wichtigste Südtor der Stadt und hatte deshalb auch eine besonders breite und hohe Durchfahrt.

38 Das Severinstor

39 Die Ulrepforte

40 Mauerteil und Mauertürme am Sachsenring

Die Ulrepforte

Die Ulrepforte war eines der kleinsten und schmalsten Kölner Stadttore. Von ihm aus führte keine Landstraße in die Umgebung Kölns, und deshalb spielte es auch keine große Rolle für den Verkehr. Später wurde das Tor aus dem Verkehr gezogen und auf einem seiner Türme ein Windmühlenturm errichtet. Den Namen hat die Ulrepforte von den Ulnern. Das waren die Töpfer, die wegen der Brandgefahr, die von den Brennöfen ausging, ihr Handwerk am Rande der Stadt ausüben mußten. Heute hat die Karnevalsgesellschaft »Rote Funken« hier ihren Treffpunkt.

Mauertürme und Mauerteil am Sachsenring

Das »Denkmal an der Ulrepforte« ist heute noch an der Stadtmauer am Sachsenring zu sehen. Allerdings ist es eine Nachbildung, denn das originale Denkmal befindet sich im Kölnischen Stadtmuseum. Es erinnert an den Überfall der Familie der Weisen, der erzbischöflichen Soldaten und weiterer Verbündeter in der Nacht vom 14. auf den 15. Oktober 1268, der von den Bürgern siegreich abgeschlagen werden konnte. Es ist übrigens das älteste Denkmal in Deutschland, das ein weltliches Ereignis zeigt. Der nördliche Mauerturm dient heute der Karnevalsgesellschaft »Prinzengarde« als Treffpunkt, und im südlichen hat die Karnevalsgesellschaft »Blaue Funken« ihr Standquartier. Vor diesem Teil der Stadtmauer ist noch der ungefähr zehn Meter tiefe Stadtgraben zu sehen.

Das Hahnentor

Auch das Hahnentor steht an einer Straße, die schon für die Römer sehr bedeutend war. Sie führte nach Westen in Richtung Aachen. Im Mittelalter hatte das Hahnentor für den Verkehr nach Aachen und in den Westen eine große Bedeutung. Es war eines der Haupttore für den

41 Das Hahnentor

Handel und deshalb auch besonders hoch und breit. Als im Jahre 1794 die Franzosen in Köln einmarschierten, leisteten die Kölner keinen Widerstand. Am Hahnentor wurden ihnen als Zeichen der Unterwerfung die Stadtschlüssel übergeben. Im Hahnentor hat seit kurzer Zeit die Karnevalsgesellschaft »Ehrengarde« ihr Quartier.

Gereonsmühlenturm, Mauerturm und Mauerteil am Hansaring

Ursprünglich war der Gereonsmühlenturm einer der 52 Mauertürme der Stadtmauer. Später wurde diesem Mauerturm ein Windmühlenturm vorgebaut. Die Mauertürme wurden von der Stadt zu Wohnzwekken vermietet. Der Turm am Hansaring bekam den Namen Wichhaus Reuschenberg und war mit einer Wohnung verbunden. Der Zinnenkranz auf dem Teil der Mauer war so stark verwittert, daß er vollständig erneuert werden mußte.

42 Stadtmauerturm mit Wurfnase

Das Eigelsteintor

Das Eigelsteintor war das mittelalterliche Nordtor der Stadtbefestigung, an der ehemaligen Römischen Heerstraße nach Neuss gelegen. Das Tor war bei den Kölnern nicht sehr beliebt, wenn es galt, die Wache zu halten. Es lag weit ab von dichter bewohnten Gebieten. Nachts war es dort einsam und nicht ganz geheuer, weil in den Straßen allerlei Gesindel hauste. An dem besonders großen Tor sind heute zwei Erinnerungen angebracht. In der Turmhalle hängt ein Rettungsboot. Es gehörte zu einem Kriegsschiff mit dem Namen »Cöln«, das während des 1. Weltkrieges zerstört wurde. Mit dem Boot konnte sich ein einziger Seemann retten. Das andere Erinnerungsstück ist ein steinernes Standbild. Es stellt den »Kölschen Boor« dar. Der Kölner Bauer steht seit dem späten Mittelalter für die Stärke und Wehrhaftigkeit der Stadt.

43 Das Eigelsteintor

Die Weckschnapp

Es ist nicht mehr genau nachzuweisen, ob das Türmchen zu Recht den Namen Weckschnapp trägt. Der Name wird eher von einem Turm der Kunibertstorburg abgeleitet, der tatsächlich in den Rhein ragte. Der Vorläufer des heutigen Weckschnapptürmchens markierte einen besonderen Punkt. Die Schiffe durften zu Tal nicht weiter als bis zu diesem Türmchen fahren. Das Stapelrecht verlangte, die gesamten Güter aus den Schiffen auszuladen, sie kontrollieren und prüfen zu lassen und sie den Kölnern drei Tage lang zum Kauf anzubieten. Wurden vielleicht die Schiffer, die das Stapelrecht umgehen und an der Stadt vorbeifahren wollten, hier geschnappt? Ursprünglich hatte das Türmchen im Untergeschoß keine Türe. Es war nur durch eine Einstiegluke von oben zugänglich. Heute ist das Türmchen ein privates Wohnhaus.

44 Die Kunibertstorburg und die Weckschnapp

Das Rathaus

Das Kölner Rathaus ist das älteste bekannte Rathaus Deutschlands. Vor mehr als 850 Jahren (1135) wurde das Rathaus oder Bürgerhaus zum ersten Male genannt, und zu dieser Zeit hat auch jemand aufgeschrieben, wo es stand: im Judenviertel. Hier wohnte die Stadtbevölkerung, die sich zur jüdischen Religion bekannte. In dem Bürgerhaus trafen sich reiche und angesehene Kölner, die in der Politik ein Wörtchen mitreden wollten.

Das erste Rathaus war ein langgestrecktes Gebäude mit zwei Geschossen. Die Rückwand wurde auf den Resten der alten römischen Stadtmauer errichtet. In den Jahren 1328–1330 wurde das Bürgerhaus umgebaut. Im Untergeschoß bekam der Stadtschreiber seine Wohnung, und das ganze Obergeschoß war ein einziger, 29 Meter langer Saal, der

45 Standbilder der neun guten Helden im Hansesaal des Rathauses, Stahlstich, 1844

auch den Namen »der lange Saal« bekam. Später gab man ihm den Namen Hansesaal, weil eine Vereinigung von Handelsstädten aus vielen Ländern, die Hanse, in diesem Saal einen Krieg beschloß, bei dem die Kölner dann nicht mitmachten.
Der Hansesaal war besonders prachtvoll ausgestattet. Die Decke bestand aus einem Holzgewölbe mit spitzen Bögen. Die Fensterbogen waren mit feinen Ornamenten geschmückt, und an der Wand der Südseite standen auf verzierten Sockeln große Standbilder der neun guten Helden. Je drei Helden standen für das Heidentum, das Judentum und das Christentum.
Das Rathaus war noch nicht allzulange umgebaut, als eine große Katastrophe über das Judenviertel hereinbrach. Im Jahre 1349 waren in Köln viele Menschen an der Pestkrankheit gestorben. Die Bevölkerung lebte in Angst und Verzweiflung und suchte einen Schuldigen für das große Unglück. Weil die Juden sich durch ihre Geldgeschäfte unbeliebt gemacht hatten, verbreiteten besessene Judenhasser ein Gerücht. Sie behaupteten, die Juden hätten die Brunnen in der Stadt vergiftet und dadurch die Pestkrankheit verursacht. Sie wiegelten die Bevölkerung auf, und es brach eine blutige Verfolgung aus. Die Juden wurden wie schon im Jahre 1096 ermordet und ihre Häuser niedergebrannt. Auch das Rathaus brannte, und die Ratssitzungen mußten an einen anderen Ort verlegt werden. Wo vorher die jüdischen Häuser standen, wurde der Rathausplatz angelegt. Später baute man noch eine Halle vor »der burger Huyss«, eine offene Eingangshalle mit einem hölzernen Obergeschoß.
Als das Jahrhundert zu Ende ging, ging auch die Herrschaft der wenigen reichen Familien, die sich Patrizier nannten, zu Ende. Sie hatten etwas mehr als 100 Jahre in Köln regiert und die Politik gemacht. Aber Kaufleute und Handwerker wollten jetzt mitregieren, und sie verbündeten sich gegen die Patrizier und übernahmen die Herrschaft. Nun machten in Köln die Vereinigungen der Kaufleute und Handwerker, die Gaffeln, die Politik.
Ziemlich bald danach beschloß der neue Stadtrat, einen Ratsturm zu bauen. Er sollte ein Denkmal für den Sieg der Gaffeln über die Patrizier sein. Außerdem brauchte man Platz, denn früher wurden viele städtische Angelegenheiten in den Häusern der Patrizier geregelt. In nur 7 Jahren, von 1407–1414, wurde der 61 Meter hohe Turm errichtet. Im kühlen Keller lagerte der Ratswein. Die Ratsherren bekamen für ihre Anwesenheit bei den Ratssitzungen an drei Tagen in der Woche kein Geld, sondern einen sogenannten Ratsheller. Das war eine Silbermarke, die im Ratskeller gegen 2,7 Liter guten Wein eingetauscht wer-

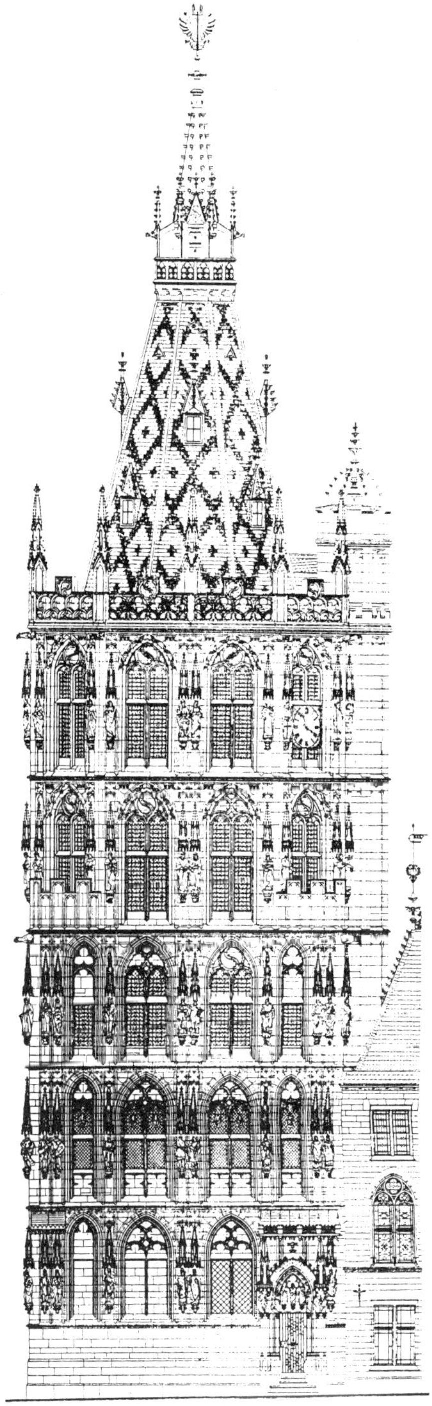

46 Der Ratsturm vom Rathausvorplatz aus gesehen

47 Diese Zeichen aus Silber konnten von den Ratsherren im Ratskeller gegen Wein eingetauscht werden. Auf einem Zeichen ist die Inschrift zu lesen: BIBITE CUM LATITIA. Übersetzt heißt es: trinket mit Freuden

48 Die schwere Eichentruhe stand in der Rentkammer des Rathauses

den konnte. Für die Ratsherren galt der Spruch: »Das Trinken ist der Ratsherren Pflicht, denn eine trockene Lampe leuchtet nicht.« Auch die fünf Geschosse des Turmes wurden benutzt: Im Untergeschoß war die »Rentkammer«, sozusagen das Finanzamt der Stadt. Darüber befand sich der »Senatssaal«. Hier trafen sich die Ratsherren mit den beiden Bürgermeistern zu ihren Sitzungen. Im nächsten Stockwerk wurden die Dokumente, Schriftstücke und Akten aufbewahrt. Schließlich folgten noch eine Waffenkammer und oben im Turm die Stube des Turmbläsers und Brandwächters. Über ihnen hingen die Ratsglocke St. Michael und die Feuerglocke. Auf der Rückseite am Alter Markt wurde der Ratsturm später mit dem Kopf des Platzjabbeck geschmückt, der bei jedem Stundenschlag der Turmuhr die Zunge herausstreckt.
Um den Ratsturm mit dem Hansesaal zu verbinden, entstand die Prophetenkammer. Ihren Namen bekam sie von Holzfiguren mit langen Gewändern, die die Ratsherren an die Gerechtigkeit erinnern sollten. Unter der Prophetenkammer lagen die Wachstube und das Arrestlokal, das Hexenkämmerchen.
Der Ratsturm war noch nicht lange vollendet, als wieder ein großes Unglück über die jüdischen Bewohner des Viertels hereinbrach. Der Rat der Stadt wollte Unannehmlichkeiten aus dem Wege gehen und erlaubte deshalb nicht länger, daß Juden in Köln wohnten. Sie wurden 1424 »up ewig tzyden« aus der Stadt vertrieben. Sie durften sich nur noch am Tage und mit Genehmigung in der Stadt aufhalten. Ihre Häuser, die Gemeinschaftsräume und auch ihr Gotteshaus, die Synagoge, wurden zerstört. Auf den Grundmauern des jüdischen Gotteshauses entstand in kurzer Bauzeit eine Kapelle für die Ratsmitglieder. Die Ratskapelle erhielt den Namen St. Maria in Jerusalem. Der berühmte Maler Stephan Lochner wurde beauftragt, für diese Kapelle ein großes Altarbild zu malen. Es entstand der Altar der Stadtpatrone, auf dem die Heiligen Drei Könige, die Heilige Ursula und der Heilige Gereon mit seinem Gefolge in aller Pracht erscheinen. Weil das Bild heute im Kölner Dom hängt, ist es unter dem Namen Dombild bekannt. Vor diesem Bild versammelten sich damals die Ratsherren vor den Ratssitzungen zum Gebet, damit die Heiligen ihnen bei ihren Aufgaben helfen und beistehen sollten.
Im Laufe der Zeit wurde im Rathaus häufig an- und umgebaut. Hinter der Prophetenkammer entstand ein offener Hofumgang, der nach dem Löwenkampf des Bürgermeisters Grin seinen Namen erhielt: Löwenhof.
Auch nach Osten hin zum Alter Markt dehnte sich der Rathauskomplex aus. Das städtische Leinen- und Tuchkaufhaus, das dort schon

49 Der Platzjabbeck am Ratsturm

50 Der Altar der Stadtpatrone von Stephan Lochner, um 1440

lange stand, wurde in das Rathaus einbezogen. Auch anliegende Häuser gingen in städtischen Besitz über und wurden bald durch Neubauten, die der städtischen Verwaltung dienten, ersetzt.
Am Gebäude des Hansesaales wurde auch viel erneuert und ersetzt. Für die alte, baufällig gewordene Rathauslaube machte der Baumeister Wilhelm Vernukken gleich mehrere Entwürfe für einen Neubau. In vier Jahren, von 1570–1573 entstand die neue Rathauslaube, die reich mit Darstellungen und Inschriften verziert wurde. Gut sichtbar in der Mitte kämpft der heldenhafte Bürgermeister Grin mit dem Löwen. Im Obergeschoß der Laube versammelten sich damals die Mitglieder des Rates und die beiden Bürgermeister zu ihrer Morgensprache. Der »ältere« der beiden Bürgermeister, der schon länger im Amte war, verkündete dem Volk die Beschlüsse des Rates.
Von dem großen Rathauskomplex, der früher nur durch Tore zugänglich war, die auf den Rathausplatz führten, sind heute noch der Ratsturm, der Saalbau mit dem Hansesaal und die Rathauslaube erhalten. Alles andere ist im Zweiten Weltkrieg durch Bomben zerstört worden.

51 Einzug der Ratsherren in die Rathausvorhalle, Kupferstich vor 1655

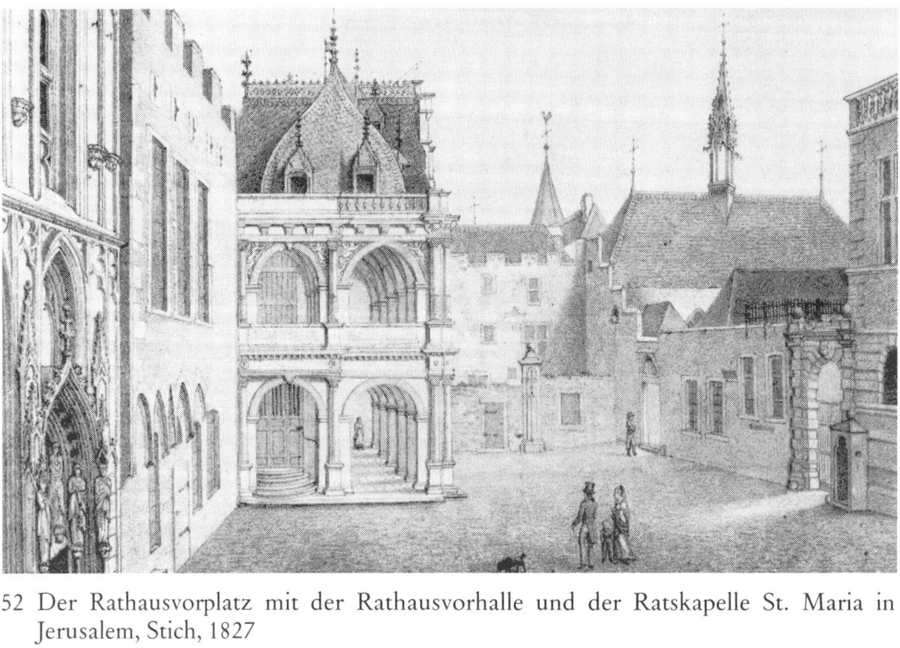

52 Der Rathausvorplatz mit der Rathausvorhalle und der Ratskapelle St. Maria in Jerusalem, Stich, 1827

Das Zeughaus

Im Innern der Stadt stand ein Haus, das für die Sicherheit der Bürger sehr wichtig war. Es war das Zeughaus, das städtische Arsenal für Rüstungen und Waffen aller Art. Zwar mußte jeder Bürger seine eigenen Waffen für die Verteidigung zu Hause haben, aber für den Ernstfall wurden im Zeughaus zusätzliche Waffen bereitgehalten. Es waren große, mauerbrechende Geschütze wie Steinmörser, Kanonen und Haubitzen, die man ja schlecht zu Hause in der Wohnung aufbewahren konnte. Auch für Bewohner Kölns, die zu arm waren, um sich Helm, Harnisch und Spieß zu kaufen, stand die Ausrüstung im Zeughaus bereit. Dazu konnten auswärtige Söldner, die für den Kriegsdienst bezahlt wurden, mit dem Nötigen versorgt werden.
Im Kölner Zeughaus befanden sich Waffen, mit denen viele tausend Männer ausgerüstet werden konnten. Im Untergeschoß lagerten die schweren Geschütze und Kugeln, die durch die ebenerdigen Tore schnell zum Verteidigungsplatz gebracht werden konnten. Im oberen Stockwerk war das Lager für die leichteren Waffen wie Harnische, Schilde, Spieße, Schwerter, Hellebarden, Streitäxte und sonstiges Kriegszeug.

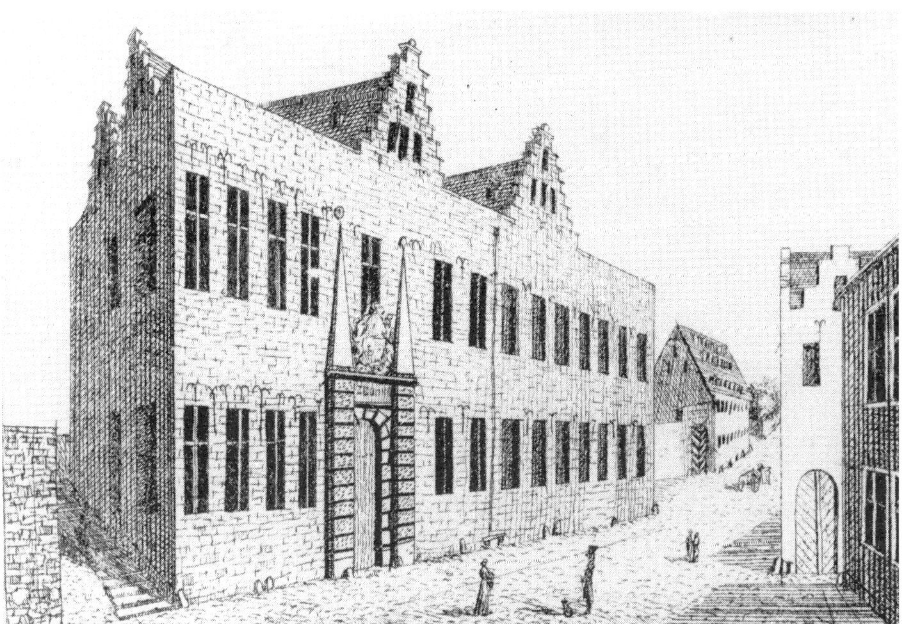

53 Das Zeughaus, Lithographie, Anfang 19. Jahrhundert

Das Zeughaus wurde in der Mitte des 14. Jahrhunderts im Bereich vor der alten römischen Stadtmauer erbaut. Es hatte zuerst den Namen Blidenhaus. Die Blide war eine schwere Wurfmaschine, die im Krieg gebraucht wurde. Als das Blidenhaus baufällig geworden war, errichtete die Stadt an der gleichen Stelle ein neues Zeughaus. Die Bauarbeiten dauerten von 1594–1606. Auf den Resten der alten, zwei Meter dicken römischen Stadtmauer, mauerten die Baumeister die Südwand des Hauses. Um die Reste der Römermauer zu verdecken, wurde eine schräge, etwa zwei Meter hohe Steinwand davorgesetzt. Das ist heute noch an der Südostecke des Zeughauses zu erkennen, an der eine Treppe von der Burgmauer auf die Zeughausstraße hinunterführt. Die Nordwand des neuen Hauses stand im ehemaligen römischen Stadtgraben, ungefähr drei Meter tiefer.
Viele Verzierungen hat das Zeughaus nicht. An den langen Mauern aus Ziegelsteinen sind etliche mächtige, teilweise bis zu drei Meter lange Maueranker angebracht, die das Haus zusammenhalten. An den schmalen Seiten hat das Dach einen Stufengiebel, und die langen Seiten werden von zwei Stufengiebeln unterbrochen. Sehr aufwendig und schön verziert ist das Hauptportal an der Nordseite. Dicke Steinquader rahmen das Portal ein. Darüber ist es mit dem Hoheitszeichen der Stadt, dem Drei-Kronen-Wappen, geschmückt. Natürlich soll man daran erkennen, daß das Zeughaus ein städtisches Gebäude ist.
Auch der achteckige Treppenturm ist im oberen Teil mit Wappen geschmückt. Unter den oberen acht Fenstern sind abwechselnd das Wappen der Stadt und das Wappen des Reiches mit dem Reichsadler zu sehen. Die Kölner waren ja besonders stolz darauf, keinen anderen Herren über sich zu haben als den König oder Kaiser und eine freie Stadt des Reiches zu sein. Bestimmt deshalb brachten sie auch über der Turmtüre eine Steintafel an, die den Kampf des Bürgermeister Grin mit dem Löwen zeigt. Der Sieg des Bürgermeisters wurde ja verglichen mit dem Sieg der Bürger über ihren Stadtherrn, den Erzbischof.
Im Laufe der Jahrhunderte sammelten sich im Zeughaus außer den Waffen, auch noch andere Dinge an. Hier wurden alte römische Grabsteine und Särge aufbewahrt und manches, was nicht mehr gebraucht wurde, aber die damaligen Menschen an vergangene Zeiten erinnerte. Auch ein großer, schwerer Eichenwagen stand im Untergeschoß. Es war der Fahnenwagen des Kölner Erzbischofs, den die Kölner im Jahre 1288 in der Schlacht bei Worringen erbeutet hatten.
So entstand eine Sammlung von Altertümern, die auch von Fremden bewundert wurde.
Trotz der vielen Sachen, die im Zeughaus lagerten, blieb noch genü-

54 Das Kölner Wappen und das Wappen des Reiches am Treppenturm des Zeughauses

gend Platz, um dort auch Festessen zu veranstalten. Im festlich geschmückten Saal trafen sich Fürsten, Gesandte, Domherren und die höheren Herren der Stadt.
Viele Dinge, die einstmals im Zeughaus aufbewahrt wurden, sind heute vernichtet oder für Köln verlorengegangen. Unter der Herrschaft der Franzosen ab 1794 wurde das Zeughaus geplündert. Die Franzosen nahmen wertvolle Teile mit nach Paris. Den schweren Fahnenwagen verbrannten sie, und viele Waffen und Rüstungen schmolzen sie ein, um daraus andere Gegenstände anzufertigen. Einen geringen Teil gaben sie später der Stadt zurück.
Im letzten Krieg wurde das Zeughaus schwer zerstört. Nur die Außenmauern bis zum Giebel blieben stehen. 1954 wurde es wieder aufgebaut. Seit 1958 ist im Zeughaus ein wichtiges Museum, das Kölnische Stadtmuseum. Hier sind Dinge ausgestellt, die uns die Ereignisse aus vergangener Zeit in Erinnerung rufen und die uns viel von der Geschichte der Stadt Köln erzählen können.

Der Gürzenich

In Köln fehlte es lange an schönen und großen Räumen zum Feiern und in denen sich viele hundert Personen zu besonderen Festessen versammeln konnten. Fürsten, Ritter, Herren und reiche Bürger, ja sogar manchmal der Kaiser wollten ihren Hof und ihre Gesellschaften bisweilen in der Stadt Köln veranstalten. Deshalb beschloß der Rat der Stadt, ein Haus mit einem großen Festsaal für diese Zwecke zu bauen.
Zuerst wurden um die Kirche St. Alban herum Grundstücke angekauft, die früher der reichen Familie Gürzenich gehörten. Die dort stehenden Häuser, Schmieden, Herbergen und Kaufhäuser wurden abgerissen. Der Bauplan, der im Untergeschoß ein öffentliches Kauf- und Lagerhaus vorsah, wurde vom Rat der Stadt genehmigt. Nun konnte das Bauholz für die Gerüste, Decken, Böden, Treppen und Wände am Oberrhein beschafft werden. Die Steinblöcke holte man aus dem Steinbruch am Fuße des Drachenfels.
Im Jahre 1441 wurde der lange, viereckige Bau mit dem Mauerwerk aus Quadern von Basalt und Tuffstein begonnen und nach sechs Jahren fertiggestellt.
An der Hauptseite, gegen Osten zum Rhein hin, wurden über den beiden Einfahrtstoren Steinkonsolen angebracht. Auf ihnen stehen die steinernen Standbilder zweier berühmter Kölner Helden: des Marcus

55 Der Gürzenich

56 Der Festsaal im Gürzenich

Vipsanius Agrippa, des Gründers der Stadt, und des Marsilius, von dem die Sage erzählt, daß er einst durch eine List die römischen Belagerer vertrieb. Zwischen den vielen hohen Fenstern wurden als Zeichen für ein städtisches Gebäude viereckige, längliche Wappenschilder angebracht. An den Ecken wurde das Gebäude mit zierlichen Schmucktürmchen versehen.

Besonders prächtig wurde der obere Festsaal ausgestattet. Wenn man es glauben darf, sollen bis zu 4000 Personen hier Platz gefunden haben. Bei Festlichkeiten wurden die Wände mit kostbaren Teppichen behangen, und zwei große Kamine, die mit vielen Steinfiguren und feinem Maßwerk geschmückt waren, sollten für Behaglichkeit sorgen. Die Zimmerleute hatten gute Arbeit geleistet; auf achteckigen Pfeilern aus Eichenholz ruhte eine bemalte Holzdecke.

In »Unserer Herren Tanzhaus«, wie der Gürzenich zu dieser Zeit auch genannt wurde, ging es oft hoch her, denn auf das Wohlleben und den Genuß legten die Kölner großen Wert. Wenn einmal im Jahr die Bürgermeister gewählt wurden, feierte man das mit einem großen Festessen im Gürzenich, wozu »Taefeln, Benke und andere Geraitschaften« beschafft werden mußten. Die Bürgermeister hatten die Tischlaken, Kissen und alles andere zu besorgen. Der Tisch war reichlich gedeckt: Rindsstücke und Schinken oder Wurst mit Gemüse, Hühner, Gänse oder Enten, Hasen und Hammelbraten. Zum Nachtisch gab es Käse,

Butter und Nüsse. Auch der Rat der Stadt unterbrach die Arbeit gerne für ein Festessen, und er mußte für die vielen Bewirtungen einen Stadtkoch einstellen, der eine städtische Uniform trug und ein Gehalt bekam.

Kamen aber der Kaiser oder der König nach Köln, so fanden sich in ihrer Gesellschaft Kurfürsten, Fürsten, Herzöge, Grafen, Adelige und Bischöfe aus der Umgebung, manchmal aus dem ganzen Reich. Dazu gesellten sich die Damen: Herzoginnen, Gräfinnen, Äbtissinnen, aber auch viele edle Jungfrauen und Bürgersfrauen fehlten nicht. Und als die hohen Herrschaften nun im Gürzenich saßen, ward jedem Fürsten seine Speise gebracht: »und wurden auf ein Mal dreizehn hundert und sechsundsechzig (1366) Schüsseln mit Speise auf die Tafeln gesetzt, die alle von Silber waren, ausgenommen diejenigen auf des Rates vierkantigen Tischen, die waren von Zinn, und standen auf jeder Tafel achtzehn Gerichte, meisterlich und wohl zubereitet, Fisch und Fleisch. Dazu wurde Wein und Bier ausgeschenkt, so viel jeder begehrte. Und als das Essen zu Ende war, begannen die Fürsten zu tanzen.«

»In unserer Herren Tanzhaus« versammelte sich schon eine besondere Gesellschaft. Es waren nicht viele Einwohner und Bürger Kölns, die an den Festlichkeiten teilnehmen konnten. Der Unterschied zwischen Reich und Arm und zwischen hoher und niederer Abkunft war damals noch viel gewaltiger, als er heute ist. Viele Handwerkerfamilien, Arbeiter, Tagelöhner, Mägde und vor allem die vielen Bettler waren froh, wenn sie am Tage eine Getreidegrütze, Fleisch, Gemüse und Brot zu essen hatten.

Es kam die Zeit, daß »Unserer Herren Tanzhaus« seinen Ruhm verlor. Das hing damit zusammen, daß Köln mittlerweile nicht mehr so eine große Rolle als Handelsstadt spielte. Andere Städte wurden stark und mächtig, und die Entdeckung Amerikas eröffnete neue Handelswege, von denen Köln ausgeschlossen blieb. Bald war »Unserer Herren Tanzhaus« nur noch als Kaufhaus Gürzenich oder als Eisenkaufhaus bekannt. Den großen und schönen Festsaal benutzte man als Warenlager. Im Laufe der Jahrhunderte vergaß man ihn sogar bei der Aufzählung von Sehenswürdigkeiten der Stadt.

Erst viel später, im 19. Jahrhundert wurde der Gürzenich wieder Tanz- und Festhaus. Auch heute feiern die Kölner hier wieder Karneval oder besuchen die Konzertaufführungen, die hier stattfinden.

Straßen, Plätze und Märkte

Von dem Straßennetz, das die Römer einst in der Stadt anlegten, sind durch das Mittelalter hindurch bis heute nur wenige Straßenzüge erhalten geblieben, zum Beispiel die Hohe Straße, die Breite Straße und die Schildergasse. Nach der Zerstörung durch die Normannen haben die Menschen, die sich in Köln ansiedelten, ihre Häuser und Höfe dort gebaut, wo ein freier und guter Platz war. Die Straßen mußten sich dann nach den Häusern richten, und deshalb wurden sie oft krumm und winklig.
Nachdem ab 1180 die große Stadtmauer errichtet wurde, waren die alten Befestigungsanlagen nutzlos. Im Verlauf der alten Gräben und Wälle wurden neue Straßen angelegt. In der Rheinvorstadt entstanden die Trankgasse und der Filzengraben, die beide heute noch existieren. Im Süden entstanden der Katharinengraben, der Perlengraben und der Alte Graben. Im Norden und Nordwesten entstanden der Entenpfuhl (heute Kardinal-Frings-Straße/Eintrachtstraße), Unter Krahnenbäumen und die Benesisstraße. Innerhalb der Stadt gab es Gassen und Quartiere, in denen bestimmte Handwerker ihre Erzeugnisse herstellten und verkauften. In der Nähe des Rheins war die Straße »Unter Goldschmied« der Sitz der Goldschmiede, die ihre Häuser und überdachten Verkaufsstände bis in die Straße »Am Hof« hinein ausdehnten. Ganz in der Nähe arbeiteten die Helmschläger in der Straße »Unter Helmschläger«. Hier herrschte viel Lärm, denn aus heißen Metallplatten wurden die Helme herausgeschlagen, mit denen die Soldaten sich im Kampfe schützten.
Ihre Erzeugnisse verkauften die Handwerker nicht nur in Läden, die ein Teil des Hauses waren, sondern auf den Märkten auf Tischen, Bänken und Kästen oder sie wurden gar auf dem Boden ausgelegt. Manchmal wurden die Waren geschützt unter Hallen und Vordächern oder in Verkaufsbuden, den sogenannten Gademmen, feilgeboten. In den Hallen wurden auf Kisten und Kästen die Waren ausgestellt, und von diesen Kästen hat die Straße »Unter Käster« ihren Namen. Die heutige Budengasse hat ihren Namen von den vielen Verkaufsbuden, die dort aufgebaut waren. Die Straßennamen waren nicht unabänderlich festgelegt. Viele Straßen haben im Laufe der Zeit ihren Namen gewechselt.
Im Südwesten der Stadt wohnten und arbeiteten Handwerker, die für ihre Arbeit viel Wasser benötigten. Der Hürther- oder Duffesbach floß an der Südseite der alten Römermauer durch die Stadt in den Rhein. An diesem Bachufer siedelten sich Wäscher, Gerber, Färber, Filzhersteller und Leimsieder an. Dort, wo der Bach noch sauber war, saßen die Wäscher und Bleicher. Deshalb bekam dieser Bachabschnitt den

57 Ausschnitt aus dem ersten Stadtplan der Stadt Köln von Arnold Mercator, 1571

Namen Weschbach. Dann folgten die Gerber, die die Rinderhäute für die Taschen- und Ranzenmacher vorbereiteten. Weil der Bach dort durch die Gerbstoffe rot verschmutzt war, wurde er Rotgerberbach genannt. Weiter unten färbte sich der Bach blau. Hier arbeiteten die Färber, die mit einem Pflanzenstoff, dem Waid, die Stoffe blau färbten, und daher bekam dieser Bachabschnitt den Namen Blaubach.
In manchen Straßen waren kleine Häuschen quer über die Straße hinweggebaut. Es waren die Kettenhäuser, in denen die Ketten aufbewahrt wurden. Bei Tumulten, Unruhen oder sonstigen Vorkommnissen wurden damit die Straßen abgesperrt. Es gab 52 solcher Kettenhäuschen, an die heute noch die Straße mit dem Namen Kettengasse erinnert.

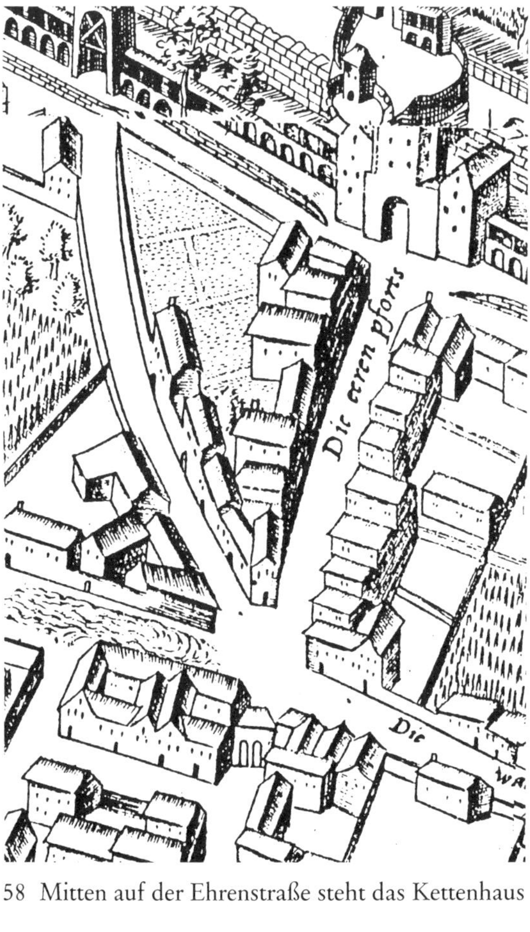

58 Mitten auf der Ehrenstraße steht das Kettenhaus

Für die Erhaltung und Reinhaltung der Straßen sorgten die Wegemeister. Sie besserten die Straßen aus, die aus festgestampftem Lehm oder Schotter, manchmal auch aus Pflastersteinen bestanden. Sie legten auch hölzerne Bohlen auf die Wege, damit die vielen schwerbeladenen Fuhrwerke besser vorankamen. An den Landtoren der Stadtmauer wurde für jedes Fuhrwerk ein Tor- und Wegegeld verlangt. Mit diesen Einnahmen konnten die Wegemeister die Straßen verbessern.

Das Marktviertel

Schon in den frühen Morgenstunden herrschte ein reges Markttreiben in der Stadt. Vor allem im Rheinviertel war Hochbetrieb. Hier konzentrierte sich der Markthandel, der sich außer auf den Plätzen auch am Rheinufer abspielte.
Am Rhein begann der Markt vor der Kirche Groß St. Martin mit dem Fischmarkt, der sich bis zur Salzgasse hinzog. Hier wurden hauptsächlich grüne, frische Fische verkauft, während Heringe, gesalzene und

59 Arbeit in einem Kölner Handelshaus, Zeichnung, 16. Jahrhundert

60 Fischverkäuferin auf den Straßen Kölns, Kupferstich, 1589

61 Holzverkäuferin

getrocknete Fische in der Lintgasse zu finden waren. An den Fischmarkt schloß sich der Buttermarkt an, daran der Stahl- und Eisenmarkt und der Knitmarkt, auf dem Kreide verkauft wurde. Etwas weiter weg lag der Holzmarkt. Hier wurde das Holz, das mit den Schiffen ankam, sofort weiterverkauft oder kam in das Holzkaufhaus. Dünne Latten aus Holz transportierte man zum Neumarkt, wo sie neben der Viehtränke aufgestapelt und zum Verkauf angeboten wurden. Eine Menge Holz kam schon fertig verarbeitet als Bretter, Balken, Latten u.s.w. in den Kölner Handel. Wichtig waren auch Weiden und Reifen für die Faßbinder. Der Bedarf an Fässern, vor allem für den Wein, war groß. Es kam auch vor, daß Schiffer ihre Schiffe zerlegten und das Holz auf dem Markt verkauften. Besonders die Schiffe vom Oberrhein waren dafür gedacht.

Der Alter Markt

Auf dem Alter Markt wurden auf Kisten und Tischen, an Ständen und Buden die Lebensmittel verkauft. An der Ostseite, zum Rhein hin, befanden sich die Obststände und der Apfelmarkt. Gleich in der Nähe waren auch die Gemüsestände, die Kraut und Rüben aus dem Vorgebirge verkauften, zu finden. Im Nordosten wurde im Anschluß an das Obst das Getreide verkauft. Auf der Mitte des Platzes konnte man Butter aus dem Kölnischen, Bergischen und Jülischen Land kaufen. Damit das richtige Gewicht gesichert war, stand auch die Butterwaage gleich in der Nähe. Ähnlich war es beim Marktbrunnen, wo fremde Fischhändler ihre Waren anpriesen, denn auch hier stand die öffentliche Waage. Hier konnte der Käufer das richtige Gewicht überprüfen lassen. Zahlreich waren die Stände für Gewürze, Drogen, Sämereien, Kurz- und Lederwaren, Hausgeräte, Ton-, Zinn- und Drechslerwaren. An der Westseite des Alter Marktes waren schließlich die Apotheken zu finden. Ziemlich in der Mitte des Platzes stand auch der Pranger oder Kacks. Wer es mit der Marktordnung nicht so genau nahm und versuchte zu betrügen, bekam hier seine gerechte Strafe. Die Marktmeister

62 Ein Markttag auf dem Alter Markt, Kupferstich um 1660

wachten über den Handel auf dem Markt und führten scharfe Kontrollen durch. Wer Sand oder Asche unter den teuren Pfeffer mischte, auf alte Fische in den Heringstonnen ganz frische legte oder unter Kohlen Steine mischte, der wurde im Kacks zur Schau gestellt und sollte ein abschreckendes Beispiel für die anderen Händler sein. Der Markt wurde von zwei Marktherren, die Mitglied des Rates waren, beaufsichtigt. Sie wachten über die Marktgesetze, sicherten Ordnung und Frieden und verhängten die Bußen. Sie trugen eine städtische Uniform. Auch die vier Diener, die ihnen bei der Arbeit halfen, waren gut zu erkennen. Sie trugen lange, rot-weiße Stäbe. Morgens läuteten sie den Markt durch Glocken ein. Deshalb hießen die Diener auch die »Vier Klocken«.

Der Heumarkt

In früheren Zeiten war auf dem Heumarkt der einzige Getreidemarkt in der Stadt. Dazu wurde Heu verkauft, das dem Platz ja seinen Namen gab. Auf dem großen Platz konnte man aber auch andere Dinge für das tägliche Leben kaufen. Sie waren in Warengruppen geordnet und hatten jeweils einen bestimmten Standort auf dem Markt. In der

63 Der Kacks, der Pranger und das Wachthäuschen für den Marktaufseher auf dem Alter Markt (Ausschnitt aus Abb. 62)

Mitte und an der Westseite standen die Fleischbänke. In deren Nähe, wo heute die Gürzenichstraße einmündet, waren die Läden der Gewandschneider zu finden. Im nördlichen Teil gab es Zwiebeln, Kohlen und Salz zu kaufen. Die Stände für Gemüse, Käse, Gewürze und Hülsenfrüchte gruppierten sich an der Ostseite. In der Mitte des Marktes stand im späten Mittelalter auch der Pranger. Es war ein Gerüst, an dem besonders betrügerische Händler bestraft wurden. Trotz der Vielfältigkeit des Warenangebotes blieb noch ein bedeutender Teil des Platzes von festen Ständen frei. Zu gewissen Zeiten des Jahres wurde viel Platz benötigt, denn der Heumarkt war auch Hauptzentrum des Viehmarktes. Wenn das Vieh im Herbst reif und fett war, fand Ende Oktober und Anfang November der große Viehmarkt statt. Besonders Rinder und Schweine kamen aus der Ferne, aus Friesland, aus dem Münsterland, von der Unterelbe, ja sogar Rinder aus Dänemark, Polen, Rußland und Ungarn kamen in Köln auf den Markt. Die Tiere mußten durch bestimmte Tore in die Stadt geführt werden. An ihnen saßen Schreiber, die dem Kaufmann eine Bescheinigung über die Menge und den Zustand der Tiere ausstellten. Rings um den Heumarkt wurde auch für das leibliche Wohl der vielen Händler und Marktbesucher gesorgt. Hier gab es Garküchen und Weinzapfe, die Essen und Trinken anboten.

64 Zwiebelverkäuferin

65 Mehlverkäuferin

66 Möhren- und Kappesverkäuferin

Der Waidmarkt

Der größte Marktbetrieb herrschte in der Nähe des Rheins, in der Rheinvorstadt. Die meisten Waren wurden ja mit Schiffen auf dem Rhein transportiert, und so waren keine langen Wege zurückzulegen. Außerhalb dieses Viertels gab es in der Stadt auch nicht viele Möglichkeiten für den Markthandel.
In größerer Entfernung von der Rheinvorstadt lag der Waidmarkt. Nur auf diesem Platz durfte das Waid verkauft werden, mit dem die Färber die Stoffe blau färbten. Sie arbeiteten ganz in der Nähe am Duffesbach, der ihnen das fließende Wasser für ihre Arbeit lieferte. So verwundert es nicht, daß die Pflanze, die ihnen den Farbstoff lieferte, auf dem freien Platz vor dem ehemaligen römischen Südtor zum Kauf angeboten wurde. Der Waid wurde von Bauern aus dem Land um Düren und Jülich auf dem Markt verkauft. Der Verkauf begann morgens um 9 Uhr, und auch hier sorgte die Stadt dafür, daß die Käufer gute Ware erhielten. Zwei Meister wachten über die Qualität und das richtige Gewicht des Waids.

Der Neumarkt

Schon vor dem Jahre 1076 wurde der Neumarkt als großer, rechteckiger Platz angelegt. Er war der größte Platz Kölns. Da er vom eigentlichen Marktviertel am Rhein sehr weit entfernt lag, erlangte er keine große Bedeutung für den Handel. Man benutzte ihn zum Verkauf von Waren, die über die Landwege nach Köln transportiert wurden. Vor allem diente er dem Pferde- und Viehhandel. Deshalb stand auch eine große Viehtränke dort. Auch bestimmte Holzsorten und Getreide wurden dort verkauft, dazu kam samstags ein Hühnermarkt.
Für das Üben mit der Armbrust, bildeten die Bürger Schützenbruderschaften. Um den Umgang mit den gefährlichen Waffen zu üben, veranstalteten sie auf dem Neumarkt unter freiem Himmel Schießübungen und Schützenfeste mit Armbrustschießen und später auch mit Gewehren. Später wurde am nördlichen Neumarkt ein Schützenhof gebaut. Als viele Nachbarn sich über den Lärm beschwerten, mußten die Schützen ihre Schießübungen im Stadtgraben zwischen dem Severins- und dem Weihertore veranstalten, und nur die Armbrustschützen, die ja wenig Lärm machten, durften weiter auf dem Neumarkt üben.

67 Auf dem Neumarkt wurden die Schießspiele abgehalten

Alltagsleben in der mittelalterlichen Stadt

Die Häuser

Um die Mitte des 16. Jahrhunderts lebte in Köln ein Bürger mit Namen Hermann von Weinsberg. Von vielen Bürgern Kölns ist gar nichts geblieben, und man weiß auch nichts mehr von ihnen. Von Hermann von Weinsberg wissen wir jedoch sehr viel, denn er hat etwas sehr Außergewöhnliches gemacht: Tag für Tag hat er aufgeschrieben, was er erlebt hat und was in Köln in diesen Jahren passiert ist. Auch über seine Familie und über sich selbst hat er berichtet. Bis zu seinem Tode im Jahre 1598 beschrieb er fast 10 000 Seiten Papier und zeichnete auch manchmal dazu.

Eine Zeichnung von ihm zeigt uns die Straße »Am Blaubach«, in der er geboren wurde und gewohnt hat und in der er später mehrere Häuser besaß. Hermann ist in dem Haus geboren, das auf der Zeichnung den Buchstaben K trägt. Es hatte den Namen »Wenemarhaus« und seine Eltern wohnten zur Miete dort. Später kaufen die Eltern das Nachbar-

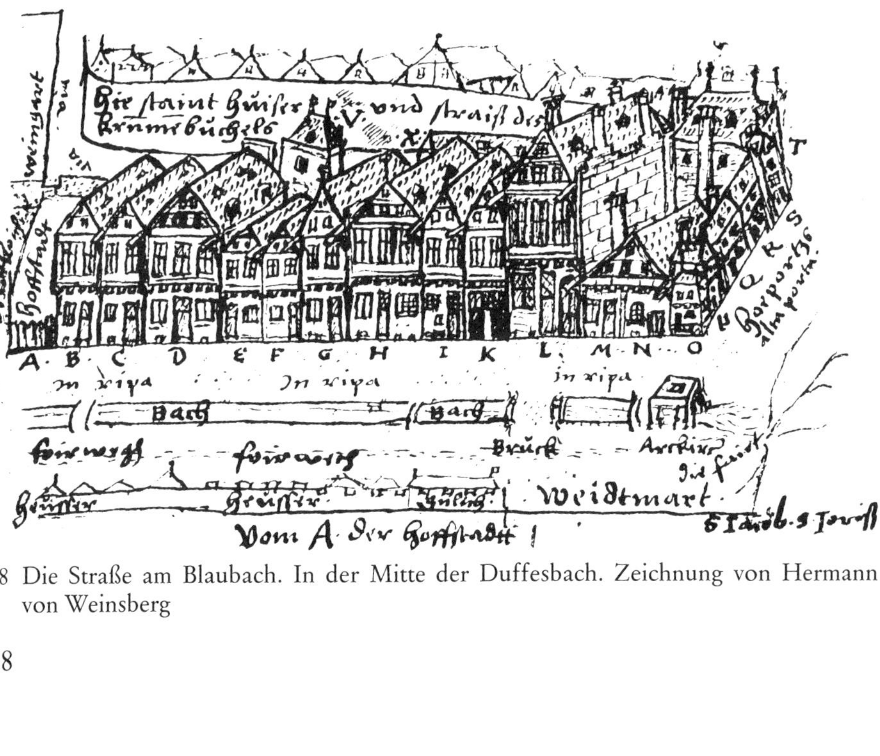

68 Die Straße am Blaubach. In der Mitte der Duffesbach. Zeichnung von Hermann von Weinsberg

69 Hermann von Weinsberg, Zeichnung eines Unbekannten

haus mit dem Buchstaben L. Es gehörte Hermanns Großvater und trug den Namen »Haus Weinsberg«. Weil der Vater Bier braute, Wein verkaufte und auch einen Weinzapf betrieb, ließ er das Haus umbauen und im Keller einen großen Weinkeller anlegen, der sich über beide Häuser erstreckte.
So wie Hermanns Elternhaus gebaut war, gab es damals viele Häuser in Köln. Auch die Häuser in der Straße sahen sich alle ähnlich, denn sie waren nach dem gleichen Grundmuster gebaut. Zur Straße hin waren sie nicht breiter als 5–7 Meter, dafür aber doppelt so tief, ungefähr 10–15 Meter. Auf der Zeichnung von Hermann kann man das gut sehen. Der untere Teil bis zur ersten Etage war meistens aus massivem Stein gemauert. Die überhängenden Obergeschosse bestanden aus Fachwerk. Bei Haus Weinsberg waren die Fächer zwischen den dicken,

70 Das Haus Weinsberg am Blaubach 4/6 (Rekonstruktion)

schwarzen geteerten Holzbalken nicht mehr mit Reisig und Lehm ausgefüllt, sondern mit Ziegelsteinen ausgemauert. Im Innern waren die Häuser meist geteilt: Ein Vorderhaus mit Küche, Kamin und Stube im Erdgeschoß und ein Hinterhaus mit Hofzimmer und einem Durchgang zum Hinterhof. Die Raumaufteilung im Obergeschoß war wie im Erdgeschoß. Hier lag im Vorderhaus zur Straße hin die »Gute Stube«. Die Zimmer über dem Hinterhaus dienten als Schlafzimmer. Die oberen Stockwerke waren unbewohnt. Sie dienten als Kornspeicher oder Abstellplätze für Kleidertruhen.

Fenster mit großen Glasscheiben gab es damals noch nicht. Die Fensteröffnungen wurden im unteren Teil mit außen angebrachten Holzläden verschlossen. Der obere Teil der Öffnungen bestand manchmal aus Glasfenstern. Sie waren aus kleineren Glasstückchen, die mit Bleiruten verbunden waren, zusammengesetzt. Manchmal waren die Oberlichter auch nur vergittert, und im Winter konnte die Kälte ungehindert in die Wohnung dringen, wenn der hölzerne Laden nicht davor war. Im Erdgeschoß waren die hölzernen Fensterläden recht praktisch. Hermann von Weinsberg erzählt, daß die »uffslaide Fenster« (aufgeschlagenen Fenster) als verlängertes Fensterbrett genutzt wurden, auf denen die Handwerker ihre Waren ausstellten.

Von außen sah das Haus Weinsberg ganz freundlich aus. Über dem Erdgeschoß aus Stein waren die Fachwerkbalken schwarz geteert, die Fächer weiß-grau gekälkt und die Fensterläden rot angestrichen. Über den Fenstern des ersten Stockwerks war ein Dächelchen, so berichtet Hermann, »darin nisteten Vögel, Schwalben und Spatzen, ihr Fliegen war sehr lustig, aber die Kinder schossen mit Pfeil und Bogen danach und verderbten die Glasfenster«.

Oft waren die Fachwerkhäuser mit Stroh gedeckt, und das war nicht gerade ungefährlich. Im Haus befand sich ja damals viel mehr offenes Feuer, als es bei uns heute üblich ist: die Feuerstelle oder der Kamin in der Küche, Kerzen und Öllampen für die Beleuchtung. Zwar gab es in Köln selten große Feuersbrünste, bei denen ganze Stadtviertel niederbrannten, aber trotzdem verbot der Rat der Stadt die Strohdächer. Sie mußten mit Schiefer oder Blei gedeckt werden.

Wie schnell ein Haus bei Unachtsamkeit abbrennen konnte, hat uns Hermann von Weinsberg aufgeschrieben: Die Katze lag in der heißen Asche des Kamins. Als sie von ihrem warmen Platz vertrieben wurde, blieben einige glühende Kohlestückchen in ihrem Fell hängen. Sie lief auf den Speicher, auf dem viele Hobelspäne aus Tannenholz lagen und suchte sich hier ein warmes Plätzchen. Bald fingen die Späne Feuer und es brannte lichterloh, so daß die Funken zum Fenster hinausflogen. Es

gab eine große Aufregung und alle Nachbarn liefen mit Wassereimern herbei, um das Feuer zu löschen. Ein andermal wäre das Haus durch die Schuld betrunkener Knechte beinahe abgebrannt. Als sie von ihrer Zechtour heimkehrten, stellen sie eine brennende Kerze vor ihr Bett auf eine Holztruhe und schliefen ein. Die Kerze brannte nieder und zündete alte Kerzenreste an, die noch auf der Truhe waren. Es dauerte nicht lange und die Truhe brannte. Das Feuer griff auf das Bettstroh, unter dem die beiden Knechte schliefen, über, und es begann zu qualmen. Die Knechte merkten von alledem nichts und schliefen fest. Zum Glück sah der Nachtwächter auf der Straße den Qualm und rief die Nachbarn herbei. Mit Eimern schöpften sie das Wasser aus dem Brunnen hinter Haus Weinsberg, und so konnte das Feuer gelöscht werden. Hermann berichtete noch, daß während der Löscharbeiten auch gestohlen wurde. Es fehlten ein Mantel, Fleisch, ein Bierkrug und noch einiges mehr. Die Knechte, die alles verursacht hatten, wurden natürlich entlassen.
Die Straße und auch das Viertel, in dem Hermann wohnte, war keine sehr feine Wohngegend. Hier »auf der Bach« wohnten Menschen, die nicht zu den Armen, aber auch nicht zu den Reichen von Köln zählten. Es waren Handwerker und kleine Gewerbetreibende: Ein Wollenweber wohnte in Haus D, ein Mützenstricker in Haus E, ein Schneider in Haus F. Dazu kamen ein Faßbinder, ein Bäcker, eine Witwe, eine Frau die Kleinkrämerei betrieb, ein Roßhändler, ein Schuhflicker und Menschen mit ähnlicher Beschäftigung.
Hermann und seiner Familie gehörten nach und nach die Hälfte der Häuser am Blaubach. Sie waren fast alle vermietet. Aber die Mieter wechselten sehr häufig, und das hatte bestimmte Gründe. Manche Häuser waren in einem sehr schlechten Zustand, und so zog hier kein Mieter ein, der lange wohnen bleiben wollte. Außerdem waren die Mieten sehr hoch, und man zog aus, sobald man etwas Billigeres gefunden hatte.
Heute sind wir an behagliches Wohnen und ausreichenden Raum gewöhnt und können uns nichts anderes denken. Die Häuser früher waren sehr karg ausgestattet, und manche von ihnen kann man sich nicht klein genug vorstellen. Etliche bestanden womöglich nur aus einer Kammer. Hermann von Weinsberg verglich ein solches Haus mit einem Schwalbennest. Von diesen kleinen Häusern lagen sehr oft zwei und mehr unter einem Dach. Sogar sechzehn Häuser unter einem Dach standen in der Straße, die heute Unter Sachsenhausen heißt. Übersetzt heißt das: Unter sechzehn Häusern oder sechzehn Häuser unter einem Dach. Der Grund für diese Bauweise war Sparsamkeit, denn die Ko-

sten für das Dach und für die Wasserableitung waren sehr viel geringer. Das Bettelvolk und die Leute, die es mit der Ordnung und den Gesetzen nicht so genau nahmen, wohnten in bestimmten Straßen und Gassen. In der Nähe des Griechenmarktes gibt es heute noch die Thieboldsgasse, was nichts anderes heißt als Diebesgasse.
Die heute Komödienstraße war ein Anziehungspunkt für Arme und Fremde, die eine billige Herberge suchten. Hier gab es das Hospital St. Andreas, das als Pilger- und Fremdenherberge diente, und zahlreiche andere Herbergen und Unterkünfte. Wegen etlicher schlimmer Vorfälle wurden diese Straßen häufig kontrolliert und man mißtraute den Bewohnern. Auch die Straßen Auf dem alten Graben, die Spielmannsgasse und die Walengasse wurden von solchem »geboeffs« (Bubenvolk) bewohnt. Es waren schlecht bezahlte Arbeiter und Arbeiterinnen, die sich zusammen mit Scharfrichtern, Kloakenreinigern und anderen zwielichtigen Gestalten durch das Leben schlugen und häufig mit dem Gesetz in Konflikt gerieten. Arme und Bettler bauten sich auch in den Bögen der Stadtmauer einfache Bretterbuden und Hütten. Das wurde nicht geduldet, und der Befehl des Rates erging: »die armen ernstlich zo warnen, sich von dannen zo begeben, und da sei in wenig tagen nit wichen, alsdan die hutten uber eyn hauffen zo werffen.« Auch ungenutzte Schiffe, die im Hafen, lagen wurden von »allerhand gesindt« zu Wohnzwecken benutzt.

Das Overstolzenhaus

Ganz anders wohnten natürlich die reichen Händler und Kaufleute, die Patrizier, Adeligen und Geistlichen in Köln.
Zwischen Rheingasse und Filzengraben wohnte die weitverzweigte, noble Familie Overstolz. Schon zu der Zeit, als noch fast alle Wohnhäuser aus Holz oder Fachwerk und nur die Kirchen aus Stein gebaut waren, ließ sich die Familie Overstolz in der Rheingasse ein sehr aufwendiges großes Steinhaus bauen. Dieses Haus steht heute noch und hat den Namen Overstolzenhaus. Es war damals das Haus, mit dem die Familie ihren Reichtum und ihre Macht nach außen hin zeigte. Dahinter lagen die Fachwerkhäuser, die der Familie zum Wohnen und Wirtschaften dienten. Die Overstolzen besaßen fast die gesamte südliche Straßenseite Rheingasse/Filzengraben samt Häusern und Hofplätzen.
Im Overstolzenhaus konnte die Familie jedoch nicht wohnen. Durch die vielen großen Fensteröffnungen, die damals keine Glasfenster und

71 Das Overstolzenhaus in der Rheingasse

Fensterläden hatten, war das Haus viel zu kalt und zugig. Der Keller und die oberen Geschosse dienten als Warenlager. Im Saalgeschoß im ersten Stock war die große Festhalle.
Während des Zweiten Weltkrieges wurde das Overstolzenhaus schwer zerstört. Als es 1956 wieder aufgebaut wurde, machte man in dem ganzen Schutt aber eine schöne Entdeckung: Unter dem Putz kamen Wandmalereien zum Vorschein, die ritterliche Zweikämpfe zeigen. Die Ritter tragen Wappen an Helm, Schild, Lanze und Schwert, und die gesamte Rüstung ist farbenprächtig und imponierend dargestellt.
In Köln lebten nicht viele Familien so wie die Overstolzen. Nur etwa 40 Kaufmannsfamilien war so reich, daß sie sich das leisten konnten. Viele von ihnen wohnten in der Nähe der Overstolzen, in dem Gebiet um die Pfarrkirche St. Alban, die heute noch als Ruine beim Gürzenich steht. Auch um die Kirche St. Kolumba wohnten die Patrizier dicht beieinander. Diese Patrizier wollten vornehme Ritter werden. Mit ihrem Reichtum waren sie den alten Ritterfamilien weit überlegen. Sie besaßen Häuser, kostbare Kleidung, wertvollen Schmuck, prunkvolles Geschirr und viel Geld. Etliche erreichten es auch, zum Ritter geschlagen zu werden, und das wurde mit viel Aufwand gefeiert: Mehrtägige Feste

72 Ritterliche Zweikämpfe. Wandmalerei im Overstolzenhaus, 13. Jahrhundert

mit feierlichem Kirchgang, Schwertleite, Züge mit Fahnen und Musik, schöne Frauen, Tanz, Geschenke für das Volk, Umtrunk und Empfang der hohen Gäste. Dazu brauchte man schon ein besonders schönes Haus mit einem großen Festsaal.

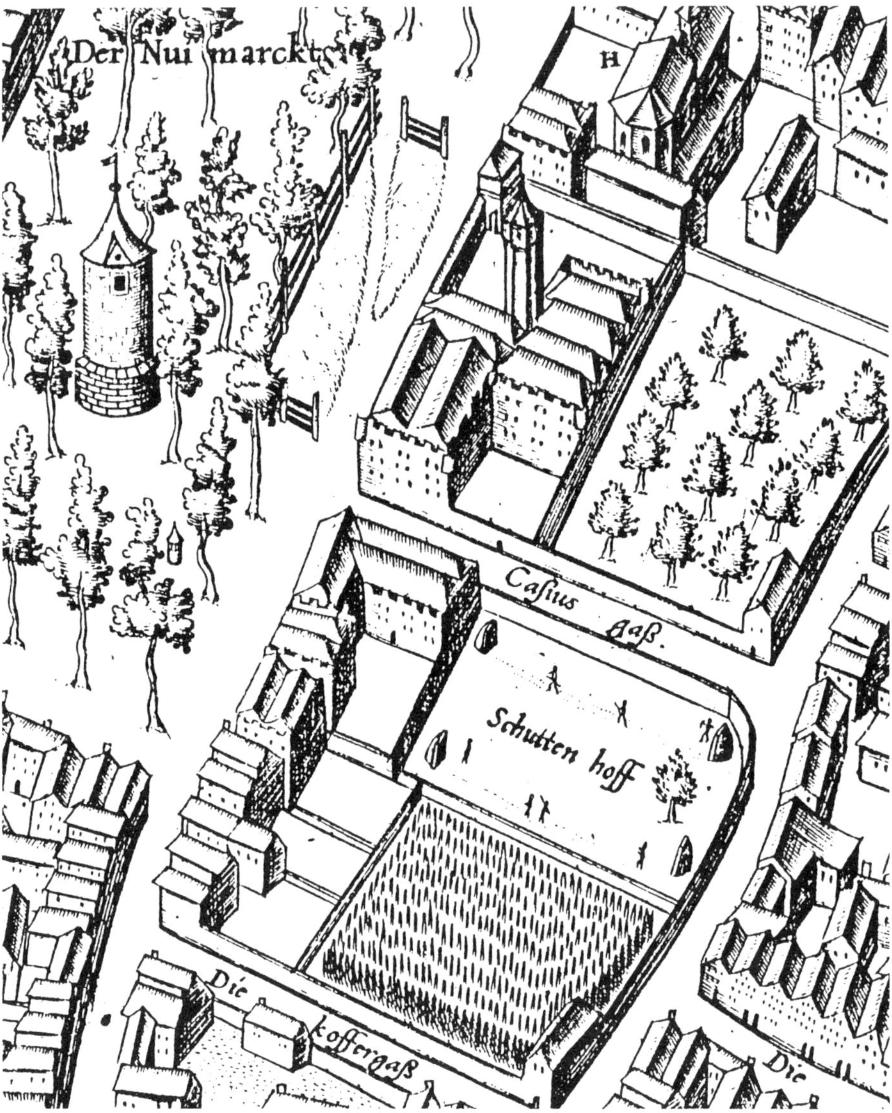

73 Höfe am Neumarkt

Die Höfe

In Köln gab es damals auch eine große Anzahl Höfe. Sie gehörten Adeligen, reichen Bürgern oder Kirchen und Klöstern. Manche waren auch einfache Bauernhöfe. Sie waren immer mit einer Mauer umgeben. Durch verschließbare Tore gelangte man von der Straße her in die Hofanlage. Zu einem stattlichen Hof gehörten neben dem Haupthaus auch ein Grasplatz, ein Baumgarten, Ställe für das Vieh, verschiedene Wirtschaftsgebäude und eine Reihe kleinerer Häuser an der Straßenseite.

Ein besonders prachtvoller Hof, der schon eher den Namen Palast verdiente, stand am Neumarkt. Es war der Hackeneysche Hof, den der reiche Goldschmied Nicasius Hackeney bauen ließ. Schon länger gab es einen Plan, einen großzügigen Palast zu errichten, in dem der Kaiser residieren konnte, wenn er in Köln zu Besuch war. Auf dem Grund und Boden von vier nebeneinanderliegenden Häusern wurde der Bau geplant und wohl ziemlich schnell fertiggestellt. An den Baukosten beteiligten sich der Kaiser, die Stadt Köln und Nicasius. Das Erdgeschoß besaß ein Sternengewölbe und im Obergeschoß die Säle mit Kaminen, die für die Gäste und den Kaiser bestimmt waren, wenn er alle paar Jahre nach Köln kam. Zu dem Hof gehörte auch eine Hauskapelle. Die neueste Mode waren damals Treppentürme mit einer Wendeltreppe. Der Turm des Hackeneyschen Hofes war 28 Meter hoch und an seinen acht Seiten mit den Wappen der Hackeney und ihrer Verwandten geschmückt.

Noch heute läßt sich am Neumarkt der Platz, an dem der Hackeneysche Hof stand, gut finden. Fast an der Ecke Richmodstraße steht ein hoher schlanker Turm, an dem ganz oben zwei Pferdeköpfe herunterschauen. Dieser Turm ist im letzten Jahrhundert erneuert worden und erinnert uns an den Hof und an die Geschichte der Richmodis von Aducht.

Was würden wir Menschen von heute empfinden, müßten wir in den mittelalterlichen Häusern leben? Ohne fließendes Wasser, statt Badewanne ein Waschzuber und das WC auf dem Hof hinter dem Haus. Wenig wohlig gewärmte Räume im Winter und ohne elektrisches Licht? Wir müßten das Wasser aus dem Brunnen holen. Wenn wir Glück hätten, wäre der Brunnen gleich hinter dem Hause, wie bei Hermann von Weinsberg. Wenn wir Pech hätten, müßten wir das Wasser mit Eimern, Krügen und Kannen aus dem öffentlichen Brunnen holen, der sich vielleicht an der nächsten Straßenkreuzung befindet. Mit den Nachbarn bildeten wir eine Brunnengemeinschaft und wären für die

74 Brunnenhaus bei der Kirche St. Maria im Kapitol

Sauberhaltung des Brunnens verantwortlich. Baden würden wir in öffentlichen Badestuben, in großen Zubern, mit Nachbarn und Freunden zusammen. Das Beheizen der Badestube und des Wassers für eine Person wäre viel zu teuer gekommen und außerdem wollte man auch gemeinsam singen, reden und scherzen, essen und trinken während des Bades. Anstatt die Toilette müßten wir die »heimliche Kammer« aufsuchen, die sich im Stall oder hinter dem Grasplatz, manchmal auch im Keller oder in einem Anbau der oberen Stockwerke befand. Als Toilettenpapier dienten uns Moos oder Blätter. Wir könnten keine Wasserspülung benutzen, sondern müßten von Zeit zu Zeit den »Goldgräber« bestellen, damit er die Abortgrube leert. Der Inhalt wurde entweder zum Düngen benutzt oder er wurde durch besondere Tore aus der Stadt gefahren und in den Rhein gekippt. Selbst wenn wir ganz reich wären, hätten wir im Winter gefroren und uns viele Kleider übereinan-

75 Brunnenhaus am Domkloster

der angezogen. Beheizt wurde oft nur ein Zimmer durch einen offenen Kamin oder ein Herdfeuer. Bei Dunkelheit schalteten wir nicht das Licht ein, sondern gingen ins Bett. Eine kurze Zeit könnte uns noch ein Kienspan, eine Kerze oder eine Öllampe Licht spenden. Doch Kerzen und Öl waren teuer. In der Morgendämmerung müßten wir aufstehen. Im Sommer sehr früh, im Winter später.
In einigen Vierteln Kölns könnten wir uns noch zurechtfinden, weil die Straßen heute noch die gleichen Namen haben wie damals. Vor allem in der Rheinvorstadt und um den Dom herum. Aber wenn wir ein bestimmtes Haus suchten, müßten wir den Namen oder das Zeichen des Hauses kennen, denn Hausnummern gab es damals noch nicht. Das Haus Weinsberg war nach dem Familiennamen bezeichnet und auch das Overstolzenhaus. Doch gab es in Köln nicht weniger als 18 Häuser, die gleichzeitig den Namen Haus Overstolz trugen. Sie lagen zwar in

verschiedenen Straßen, aber für Fremde war es schwierig, das richtige Haus zu finden. Wie das Haus genannt wurde, war dem Besitzer überlassen. Handwerker nannten es manchmal nach ihrem Handwerk, wie z. B. ein Schuster sein Haus »Zum Leisten« nannte, oder ein Faßbinder im Haus »Zum Reifen« wohnte. Auch von der Eigenschaft des Hauses oder der Lage wurde der Namen abgeleitet. Ein schönes Patrizierhaus hieß »Schöneck«, ein anderes, das am Rhein gelegen war »Rheineck«. Das »Drachenloch« stand in einem dunklen Winkel. Erst sehr spät, im 18. Jahrhundert, wurde in Köln die Kennzeichnung der Häuser durch eine Nummer eingeführt.

Arbeiten und Geldverdienen

Wie war in Köln es doch vordem
Mit Heinzelmännchen so bequem!
Denn war man faul – man legte sich
Hin auf die Bank und pflegte sich:
Da kamen bei Nacht,
Eh' man's gedacht,
Die Männlein und schwärmten
Und klappten und lärmten
Und rupften
Und zupften
Und hüpften und trabten
Und putzten und schabten,
Und eh' ein Faulpelz noch erwacht,
War all sein Tagewerk – bereits gemacht!

Die Geschichte der Heinzelmännchen von Köln ist zu schön, um wahr zu sein, und wer weiß, ob es sie je gegeben hat. Aber wahrscheinlich waren die Kölner selbst so fleißig, daß ihre Stadt die reichste nördlich der Alpen wurde.
Aber wer träumt nicht davon, morgens nicht zur Arbeit oder zur Schule gehen zu müssen und alle lästigen Arbeiten von den kleinen Männchen erledigen zu lassen. Das ist heute so und war auch bestimmt auch schon zu der Zeit so, von der Hermann von Weinsberg uns berichtet. Schauen wir uns also an, wie es vor fast 500 Jahren in Köln und im Hause Weinsberg ohne die Heinzelmännchen ums Arbeiten und Geldverdienen bestellt war.

Früh am Morgen, pünktlich um fünf Uhr, wurden die Bewohner des Hauses Weinsberg geweckt. Die Turmuhr, der auf dem Waidmarkt gelegenen Kirche St. Jakob, schlug so laut, daß sie in den Schlafkammern gut zu hören war. Als Hermanns Eltern, Christian und Sophia, im Hause Weinsberg wohnten, ernährte sich die Familie neben dem Weinhandel mit dem Färben von Leinengarn und Tuch. Bei der Arbeit halfen ihnen zwei Knechte, Bernd und Eckert. Es war eine schwere Arbeit, die die Eltern in der Werkstatt hinter dem Hause ausführten. Hermann spielte derweil mit den Kindern auf der Straße, und wie er selbst berichtete, fing er oft Streitereien mit ihnen an. Die Großmutter wohnte im Nachbarhaus und betrieb auch die Färberei. Sie hat Hermann oft ge-

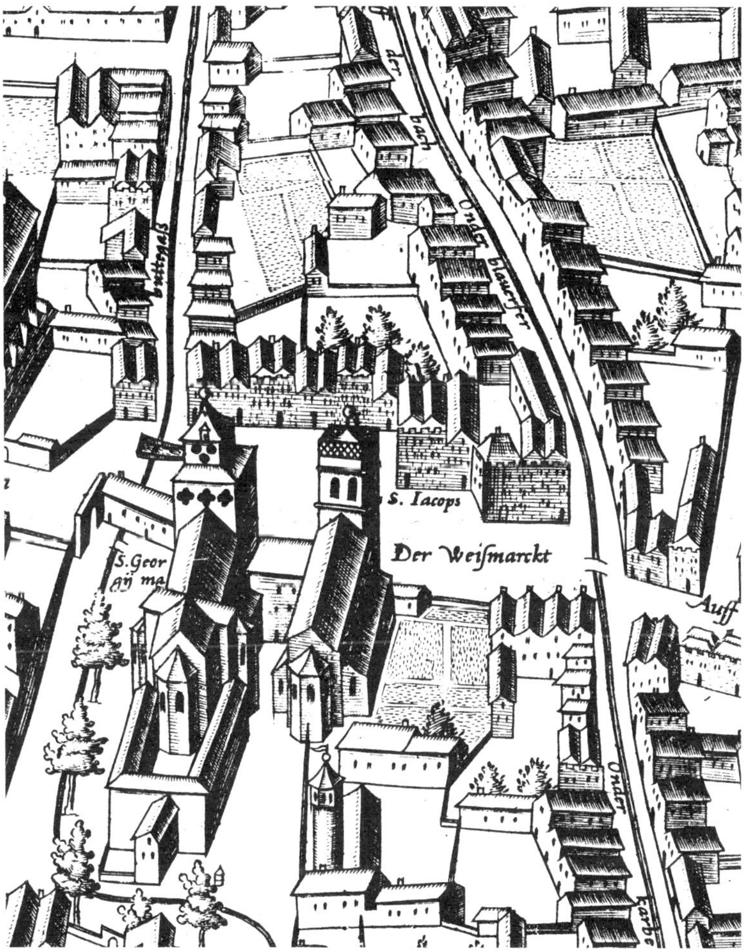

76 Der Waidmarkt mit den Kirchen St. Georg und St. Jakob

scholten und riet den Eltern, ihn von der Straße fernzuhalten und ihn auf die Schule zu tun, damit er stillesitzen lerne. Damals wohnten auf der Bach so viele Blaufärber, daß die Straße „Unter Blaufärber" hieß. Es hatte natürlich seinen Grund, daß sie vor allem hier wohnten. Für die Färberei benötigte man viel Wasser. Es konnte leicht vom Bach, der an der Straße vorbeifloß, abgeleitet werden. Hermann berichtet, daß alle Blaufärber genug zu tun hatten, denn man führte das gefärbte Garn nach Frankfurt, Antwerpen und Westfalen aus, und das gab in Köln großen Umsatz und Verdienst. Die Leinenweber, Seidenweber und Garnhersteller färbten die Stoffe nicht selbst, sondern das besorgten die Blaufärber, die Rotfärber oder die Schönfärber, die in anderen Farben färbten.
Köln hatte im Mittelalter eine überragende Bedeutung in der Textilherstellung. Kölner Tuche wurden von Köln aus bis nach Venedig gehan-

77 Der Färber, Kupferstich, 1698

delt. Über die Donau abwärts gingen sie sogar bis nach Rußland. Die Herstellung der Tuche war mit viel Arbeit verbunden, und viele einzelne Arbeitsschritte waren notwendig, bis es fertig war und in den Verkauf ging. Die Tuchweber gaben den Wollkämmerinnen, Spinnerinnen, Nopperinnen, Färbern, Walkern, Tuchbereitern und Tuchglättern Arbeit. Oft war es Frauenarbeit, die so gering bezahlt wurde, daß man kaum davon leben konnte. Die 300 Webermeister in der Stadt beschäftigten in ihren Werkstätten über 6000 Leute, die Lohn für ihre Arbeit bekamen und als Lehrling oder Geselle im Haushalt des Meisters leb-

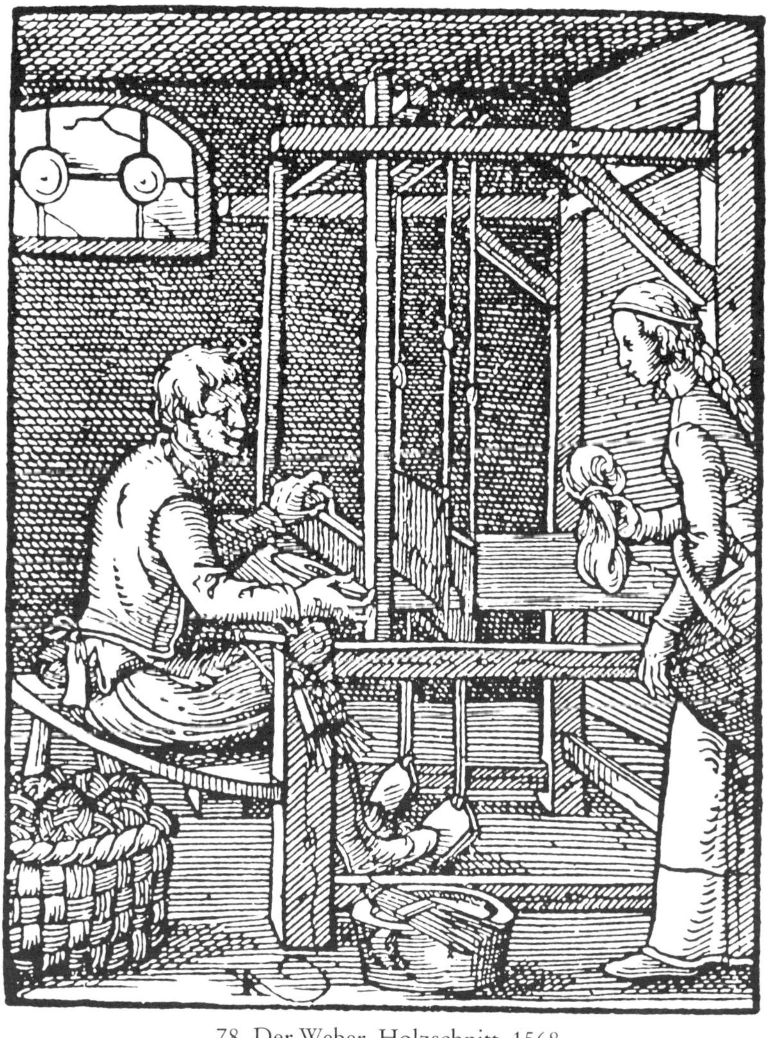

78 Der Weber, Holzschnitt, 1568

ten. Auf die beste Qualität der Waren wurde stets streng geachtet. Das »kaufmannsgut« sollte ja nicht nur von den Menschen in der Stadt gekauft werden, sondern die »Kölnische Ware« sollte auch in fremden Ländern und Städten begehrt sein.

Im Mittelalter war es nichts Besonderes, daß Frauen und Mütter berufstätig waren. Es gab kaum Wirtschaftszweige, in denen sie nicht zu finden waren, und es gab weit über 100 Berufe, in denen sie arbeiteten. Wenn die Frau nicht verheiratet war, mußte sie sich oft mit niederer Arbeit oder als Magd durchschlagen. Schon früher verdienten die Frauen viel weniger als die Männer, auch weil sie oftmals keine genügende Berufsausbildung hatten. Etliche Frauen betrieben auch einen eigenen Handel, vor allem als Garnmacherinnen, Goldspinnerinnen und Seidenweberinnen. »Kölnisches Garn« war ein Markenartikel, der wegen seiner Festigkeit und Farbechtheit beliebt war. Die Garnmacherinnen mußten vier Jahre in die Lehre gehen. Hatten die Lehrtöchter ausgelernt, durften sie sich gegen eine Gebühr zu Hause eine eigene Werkstatt einrichten. Vorher wurde noch von den Amtsmeistern geprüft, ob sie ihre Arbeit auch gut machten. Oft waren solche Frauen verheiratet und der Mann übernahm den Handel und den Verkauf oder er führte die Bücher.

Auch die Goldspinnerei war Frauensache. Dabei wurde ein Faden vor dem Weben mit hauchdünnen Blattgold umwickelt. Die feinen »goldenen« Fäden wurden in kostbare Brokatstoffe eingewebt oder für die Stickerei benutzt. Viele reiche Kölner trugen Kleidung aus feinsten und teuersten Stoffen, und auch die Gewänder, die die Geistlichen in der Kirche trugen, waren oft golddurchwirkt. Die Seidenmacherinnen hatten ihre Werkstatt gleich im eigenen Haus. Sie beschäftigten ihre Töchter oder Lehrtöchter, die dann im Hause der Meisterin wohnten und beköstigt wurden. Mehr als vier Lehrtöchter zur gleichen Zeit durften sie jedoch nicht beschäftigen. Verheiratet waren die Seidenmacherinnen oft mit erfolgreichen Seidenkaufleuten.

Eigentlich hatten diese Frauen es gar nicht nötig, Geld zu verdienen, denn sie kamen aus guten Familien, waren meist verheiratet und die Männer verdienten genug. Aber in der Seidenweberei konnte man keine klobigen und rauhen Männerhände gebrauchen. Sie erforderte Geschick und Fingerfertigkeit, und deshalb machten es die Frauen. Ein Vorteil war ja auch, daß die Werkstatt gleich im eigenen Haus lag und sie selbst auf die Kinder aufpassen konnten. Auch der zusätzliche Verdienst war verlockend, denn in Köln gab es auch schon damals die schönsten Dinge zu kaufen: Kleider, Wäsche, Schmuck, Geschirr und Möbel, und auch der Lebensmittelmarkt bot etliches an Delikatessen.

79 Christian von Weinsberg, Zeichnung eines Unbekannten

So sorgten die Kölner Handwerkerfrauen mit dafür, daß man gut und aufwendig leben konnte. Im wirtschaftlichen Bereich hatten die Frauen eine erstaunlich hohe Stellung. Ganz anders sah es in der Politik aus. Hier hatten sie nichts zu sagen, denn die politischen Ämter waren Männersache. Vielleicht haben es diese Frauen aber ihren Männern ermöglicht, sich politisch zu betätigen. Denn die hohen Ämter, zum Beispiel Mitglied des Rates zu sein, waren ein Ehrenamt und es gab kaum Geld dafür.
Auch Hermanns Vater Christian wurde als junger Mann von 28 Jahren in den Rat der Stadt gewählt. Da blieb manche Arbeit zu Hause liegen, und seine Frau Sophia mußte sich um den Handel und den Haushalt kümmern.

80 Weinschenk vom Alter Markt

Mit der Färberei ging es in Köln langsam bergab und der Verdienst wurde gering. Jeder versuchte, so viele Kunden als möglich an sich zu ziehen. Hermanns Eltern und die Großmutter gerieten darüber in Streit. Sie beschuldigten sich gegenseitig, sich die Kunden wegzuschnappen. Hermanns Großmutter gab zuerst die Färberei auf, und auch der Vater »war des Färbens müde, warf die Bütten und das Färberhaus über den Haufen und blieb bei der Weinkaufmannschaft und dem Weinzapfen«.
Als Weinhändler und Wirt konnte Hermanns Vater zunächst gut verdienen. Die Kölner tranken ja jeden Tag große Mengen Wein und Bier. Was sollten sie auch sonst trinken? Das Wasser aus den Brunnen, die vom Grundwasser gespeist wurden, war für die Gesundheit gefährlich und Kaffee, Tee, Limonade und Coca-Cola gab es noch nicht.
Der Wein war im Mittelalter ein Haupthandelsgut der Kölner, und die großen Weinhändler gehörten zu den reichsten Leuten in der Stadt. Sie kauften Wein vom Rhein, von der Mosel und der Ahr und aus dem Elsaß. Sie kauften ganze Weinernten auf, manchmal schon zehn Jahre im voraus. Sie erwarben auch eigene Weinberge und ließen sie bewirtschaften. Dabei kam es natürlich vor, daß es auch schlechte Ernten aus verregneten Sommern gab. Diesen sauren Wein nannten die Kölner

81 Weinhandel, Holzschnitt, 16. Jahrhundert

den »nassen Lodewig«. Wenn der Wein dann allzu sauer war, kannte man viele Rezepte, um ihn schmackhafter zu machen. Das Bier, was man damals trank, war nicht so beliebt. Es schmeckt auch nicht so gut.
Weinhandel und Weinzapf ernährten eine große Anzahl von Menschen, denn die Kontrollen des Handels und beim Ausschank waren vielfältig und streng. Die Arbeiter im Weinhandel waren verpflichtet, Übertretungen der Vorschriften den Beamten anzuzeigen. Damit auf sie Verlaß war, wurden sie oft vereidigt und zu städtischen Angestellten und Beamten gemacht. Kam der Wein mit dem Schiff am Rheinufer an, kontrollierten zuerst die Röder mit einem amtlichen Maß, ob die Inhaltsangabe der Fässer auch stimmte. Denn wer konnte wissen, ob die Händler nicht mit einer falschen Angabe zu betrügen versuchten. Bei dieser Kontrolle wurde zugleich die Steuer festgelegt. Erst wenn die Arbeit der Röder getan war und die Aufschrift auf den Fässern angebracht war, durften sie aus den Schiffen an Land gehievt werden. Das geschah mit den Kranen unter Aufsicht der Kranenmeister. Dazu kamen die Kranenschreiber, die die Listen für die Erhebung der Abgaben führten. Für jeden Kran gab es einen Kettenknecht. Bei Ein- und Ausladen befestigte er die Güter an einer Kette und schrieb dabei die Anzahl sowie die Zeichen und Nummern auf den Fässern auf. Er berechnete auch das Kranengeld. Für die Kranen waren noch vier Räderknechte zuständig, die die großen Holzräder in Bewegung setzten, durch die das Lastseil herauf- und hinunterbewegt wurde. Vom Rheinufer aus durften die Weinfässer nur durch ein einziges Tor in die Stadt geführt werden. Es war die Salzgassenpforte, an der auch der Weinsteuermeister saß, der eine Gebühr forderte. Erst danach kam der Wein in die Keller der Besitzer oder in ein Kaufhaus. Das besorgten die Schröder. Wollte ein Besitzer den Wein in einer Taverne, Wirtschaft oder einem Weinzapf ausschenken, mußte er das bei der Weinschule in der Rheingasse melden. Auch hier gab es viele Kontrollen und Prüfungen und trotzdem versuchte man immer wieder, die städtischen Steuereinnehmer zu betrügen.
Auf ähnliche Weise wurden viele andere Waren, die in Köln mit dem Schiff ankamen, geprüft. Ehe sie beim Besitzer, im Kaufhaus oder in ein anderes Schiff umgeladen waren, wurden viele fleißige Hände gebraucht. Es waren Hilfsarbeiter und Tagelöhner, die oft von einem Tag auf den anderen lebten und immer zusehen mußten, wo es etwas zu tun gab. Aber das war nicht sehr schwierig in Köln, denn am Rheinufer kamen massenhaft Güter an. Zum Beispiel konnte man sich bei Salzmesser oder Salzmüdder melden, denn er brauchte immer sechs Aufhalter, die die Säcke für das Salz aufhielten und vier Schütter, die das Salz hin-

82 Die Salzgassenpforte am Rheinufer

einschütteten. Immer wurden Holzzähler und Ziegelsteinzähler gebraucht, und im Fischkaufhaus gab es Arbeit als Träger, Heringspacker und Karrenbinder, die das Gut auf den Karren verstauten.
Hermanns Vater war kein besonders großer und reicher Weinhändler, aber die Geschäfte und der Weinzapf gingen nicht schlecht. Wenn Hermann aus der Schule kam, mußte er oft den Zapfer machen, denn jedes Glas Wein wurde aus dem Keller heraufgeholt. Er berichtet: »Das tat ich mächtig ungerne, besonders wenn Essenszeit war; war viel zu tun, so schickte man mir das Essen in den Keller; war wenig zu tun, so lief ich oft auf und ab, war aber immer schneller oben als unten, weil ich eben so ungern zapfte.« Auch üble Scherze von den Gästen mußte er sich gefallen lassen, an die er sich noch Jahrzehnte später erinnerte. »Einst hatten die Nachbarn sich verabredet, mich recht oft in den Keller zu jagen: ihrer viere setzten sich zusammen und ließen sich ein Halbmaß zapfen, da kamen noch fünfe dazu, als wären sie eine Gesellschaft für sich, und ließen sich ebenfalls ein Halbmaß zapfen; als ich das brachte, da war das andere leer, als ich dieses brachte, war das erste wieder leer, das trieben sie so lange, bis ich's endlich merkte, aber ich dachte bei mir: was gilt's, ihr werdet schneller müde als ich; sie trieben es fünfzehnmal, dann hatte ich etwas Ruhe, und sie lachten über mich und ich über sie.« Wenn nicht viel zu tun war, mußte die Mutter und auch Hermann andere Arbeiten erledigen: Mit den Töchtern und Mägden spann sie Garn und webte Leintücher, wie man sie im Haushalt braucht. Hermann mußte derweil Garn haspeln, er mußte das Garn auf ein großes Rad aufwickeln. Weil er deshalb nicht auf die Straße konnte, sagten etliche Nachbarn zur Mutter: »Euer Sohn ist ein Engel, mit anderen Jungen verglichen«, aber die Mutter sagte zu Hermann: »Du magst wohl ein Engel auf der Straße sein, aber im Haus bist du ein

junger Teufel«. Sie kannte ihren Sohn, denn er schrieb selbst über sich, daß er immer etwas unternehmen mußte, nicht stillesitzen konnte und jedem etwas tat und daß immer etwas im Gange war.

Etliche bedeutende Kölner Familien, die viel Einfluß in der Stadt hatten, verdienten ihr vieles Geld mit dem Handel, vor allem verdankten sie es dem Tuchhandel und dem Weinhandel. Als Fernkaufleute unternahmen sie wagemutige Handelsfahrten über Land oder zu Wasser. Kamen sie gesund zurück und hatten sie ihr Handelsgut auf den Märkten und Messen Europas verkauft, machten sie beträchtliche Gewinne. Geheiratet haben die reichen Familien nur unter sich. Bei der Braut oder dem Bräutigam kam es darauf an, wieviel Geld sie besaßen. Geheiratet wurde nicht nur aus Zuneigung oder Liebe. Das war auch bei Hermann von Weinsberg, seinem Vater und seinem Großvater so. Der Großvater heiratete, erst als er 40 Jahre alt war, eine ältere Witwe, die einen gutgehenden Handel mit Getreide und Malz betrieb. Schon nach vier Jahren verstarb die Frau, und er heiratete wieder. Diesmal die reiche Erbin eines Schneiders. Er konnte jetzt das Haus Weinsberg kaufen und es nach seinen Vorstellungen umbauen. Natürlich war Großvater Gottschalk auch klug und fleißig und wurde zum Ratsherren gewählt. Hermanns Vater Christian war auch zweimal verheiratet, weil die erste Frau kurz nach der Hochzeit starb. Hermann von Weinsberg heiratete ebenfalls zweimal. Jedesmal eine ältere reiche Frau. Eine Hochzeit war ein Geschäft wie jedes andere. Die Ehe diente der Sicherheit und Versorgung und sie konnte helfen, eine bessere Stellung in der Gesellschaft zu erreichen.

Natürlich mußte man damals genausogut wie heute damit rechnen, daß es mit dem Beruf und dem Geldverdienen nicht immer nur aufwärts ging. Das war auch bei dem reichen Bürger Heinrich Goldstein und seiner Frau Volswindis so. Sie besaßen ein Haus am Buttermarkt und waren reich und angesehen. Sie führten ein üppiges Leben, besaßen kostbare Kleider und Schmuck. Doch das aufwendige Leben kostete so viel, daß Heinrich sein Erbe verkaufte und Geld gegen Zinsen verlieh. Aber mächtige Schuldner ließen ihn im Stich und zahlten das Geld nicht zurück, das er ihnen geliehen hatte. Heinrich mußte sich selbst Geld leihen. Schließlich wurde er so arm, daß er auf den Straßen betteln gehen mußte.

Ganz so schlimm war es bei den Eltern von Hermann nicht. Doch auch der Vater Christian kam in Schwierigkeiten mit seinem Weinhandel. Mit den Verwandten seiner Frau hatte er Erbauseinandersetzungen und sie forderten viel Geld von ihm. Dazu hatte er noch weiteres Pech. Eine Weinernte, die er schon aufgekauft und bezahlt hatte, war mißra-

ten. Es blieb ihm nichts weiter übrig, als wieder den Beruf zu wechseln. Glücklicherweise wurde ihm die Stelle eines Burggrafen unter dem Rathaus angeboten. Der Titel hört sich gewaltig an, und wer möchte sich heute nicht Burggraf nennen. Doch es war nichts anderes, als eine Art Hausmeisterstelle. Als Burggraf mußte er auch die Wohnung unter dem Rathaus nehmen und das Ehrenamt des Ratsherren aufgeben. Immer wieder wollte er diesen Beruf aufgeben, um wieder selbständig zu sein. Doch es ist ihm nicht gelungen, und als einfacher Beamter der Stadt ist er auch gestorben.
Wer denkt heute beim Arbeiten und Geldverdienen nicht gleichzeitig an die tägliche Arbeitszeit, an das freie Wochenende und den Urlaub. Wer denkt als Schüler nicht öfter an die Ferien, in denen man keine Verpflichtungen hat und endlich das tun kann, was man möchte? Und wie war das im Mittelalter? Was für uns heute mit Wochenende, Freizeit und Urlaub verbunden ist, kannten die Menschen damals nicht. Gearbeitet wurde von früh bis spät; im Sommer länger, im Winter kürzer. Auf den Baustellen der großen Kirchen arbeiteten die Handwerker von Montag bis Samstag. Im Sommer über 11 Stunden täglich, im Winter 8–9 Stunden. Auch in den Handwerksbetrieben dürfte es nicht anders gewesen sein. In einer Ordnung für die Handwerker von 1397 stand zu lesen: »auch soll nyemans von yn geyns aventz langer wirken dann bis tzeyn uren, und desgelychen des morgens neet er bestayn zo wirken, dan as it veir uren hait geselagen.« Das heißt »auch soll niemand von euch Leuten abends länger als bis zehn Uhr, und desgleichen morgens nicht früher anfangen zu arbeiten, als es vier Uhr geschlagen hat.« Am Sonntag ruhte die Arbeit und auch an den Feiertagen. Es wurde streng darauf geachtet, das dies auch eingehalten wurde. Häufig wurde der Beginn der Arbeitsruhe bereits auf den Vortag des Feiertages nach Anbruch der Dunkelheit festgelegt. Strenger noch als bei den Handwerkern war der Verkauf von Waren an Sonn- und Feiertagen geregelt. Natürlich gab es immer wieder Verstöße gegen das Arbeitsverbot, und die Händler und Krämer verkauften ihre Waren auf Straßen, Plätzen und vor den Kirchen. Wenn sie dann eine Buße bezahlten, durften sie das ganze Jahr hindurch an Sonn- und Feiertagen verkaufen. Auch über die Handwerksleute wurde geklagt, daß »auf gebottener Fest- und Feiertage viel handwercksleut arbeitenn«. Man beschwerte sich auch über das Fahren mit Fuhrwerken während des sonntäglichen Gottesdienstes. Es gibt wohl immer Menschen, die ohne Arbeit nicht leben können – damals wie heute –. Doch die meisten waren sicher froh, daß es im »heiligen Köln« so viele kirchliche Fest- und Feiertage gab. Neben den hohen Festtagen um Ostern, Pfingsten und Weihnachten

gab es noch eine große Anzahl von Festen, um an die Heiligen und ihre Taten zu erinnern. Manche dieser Heiligen sind heute etwas in Vergessenheit geraten, und einen arbeitsfreien Tag, um sich ihrer zu erinnern, gibt es schon gar nicht mehr. Aber damals gab es in Köln 48 kirchliche Feiertage, an denen die Arbeit ruhen sollte. Dazu gab es die 52 Sonntage, so daß im Jahr nur an ungefähr 265 Tagen gearbeitet wurde.

Essen und Trinken

Um gut zu essen und zu trinken, war das späte Mittelalter keine schlechte Zeit. In Köln lebte man gut, wenn es keine Katastrophen wie Dürre oder Krieg gab. Es gab auch immer einen Anlaß, sich zu gemeinschaftlichen Schmausereien und Festmälern zusammenzufinden.
Als Hermann von Weinsberg in das besondere Amt des Bannerherren gewählt wurde, gab er am 9. Oktober 1556 ein Essen, das sogenannte Banneressen. Er schrieb dazu: »Dies Banneressen hab' ich köstlich machen müssen, denn man hat's nur einmal im Leben zu tun.« Eingehend berichtet er über die Speisenfolge: »Zum ersten Gang war angerichtet in einer Schüssel, darin ein gebratener Schinken mit Korinthen, Pfeffer und rund umher zehn Schüsseln, darin Rindfleisch, Ochsenkeule, Zunge, Hennen, Grünfleisch, Binger Wurst, sauren Kappes, Pastetchen mit Lammfleisch und dergleichen.« Da es aber damals üblich war, unvorstellbar große Mengen in mehreren Gängen hintereinander zu essen, mußte natürlich noch mehr aufgetischt werden. Lassen wir uns also von dem zweiten Gang das Wasser im Munde zusammenlaufen: »Zum zweiten Gang ward angerichtet in der Mitte eine große Schüssel mit einem gebratenen Hasen, Rehbollen, Wilbret vom Wildschein, rundherum zehn Schüsseln mit Kaninchen, Kapaunen, Hühnern, Pfeffer, Schluffer, Schnepfen, Feldhühnern, Krammetvögeln, Wachteln, kleinen Vögelchen, Entvögeln, Oliven, Kapern und dergleichen.« Und wer jetzt denkt, die Tischgesellschaft müsse nun fast platzen, der irrt, denn es wurde weiter aufgetragen: »Zum dritten Gang in der Mitte eine große Schüssel mit dreierlei Gebäck, drumherum zehn Schüsseln mit Krebsen, Hecht, Karpfen in Speck gesotten, Marzipan, Lampreten, Galantin und dergleichen, und dann auf jedem Tisch vierundzwanzig Schalen gehäuft mit Schöffenkuchen, Nürnberger Küchlein, Äpfeln, Birnen, Haselnuß, Baumnuß, Trauben, Muskateller, Kastanien, Mispeln, Mandeln, Datteln, gezuckertem Koriander, Anis, Kaneelsteckeln und dergleichen.«

Der Universitätskoch, Meister Matthias, hatte die Speisen zubereitet und der Knecht Melchior richtete sie an. Zwei Diener trugen sie auf und schenkten den Wein aus silbernen Kannen ein. Solch ein Essen war natürlich nicht billig. Hermann hat es vierundsechzig Gulden ohne Wein, Bier, Brot und Holz gekostet. Das war damals ungefähr so viel Geld, wie ein Zimmermann oder Steinmetz in einem ganzen Jahr verdienten.

Natürlich wurden solche Essen nur selten abgehalten, und mancher Geselle oder Knecht mußte sich im Haushalt seines Meisters mit einfachen Speisen, Fleisch, Gemüse, einer Suppe, Brot – Kartoffeln kannte man noch nicht – und Käse begnügen.

Für die Versorgung der Stadtbevölkerung war ein großes Angebot an alltäglichen Lebensmitteln notwendig: Getreide, Fisch, Fleisch, Eier, Gemüse, Wein, Salz usw. In der Stadt lebte man jedoch nicht nur von dem, was im eigenen Umland angebaut wurde. Viele Waren kamen von weither und gelangten durch ein kompliziertes Handelsnetz nach Köln. Dazu gehörten vor allem Gewürze aus dem Mittelmeerraum und dem Orient, die beim Kochen eine große Rolle spielten: Pfeffer, Zimt, Muskat, Nelken, Kardamom und Ingwer. Fast so teuer wie Gold war der Safran. Heute kennen wir ihn fast nur noch aus dem Kinderlied »Backe, Backe Kuchen«, das uns zugleich auch den Verwendungszweck angibt: »Safran macht den Kuchen gel«. Er wurde vor allem zum Färben der Speisen benutzt. Es war eine Frage des Geldes, wie stark man die Speisen mit den fremden Gewürzen würzen konnte. Alle waren ungleich teurer, als die einheimischen Gewürze aus dem Kräutergarten, die uns auch heute noch zum größten Teil bekannt sind. Petersilie, Knoblauch, Kümmel, Meerrettich, Kerbel, Minze, Salbei und noch viele mehr.

Aus dem Mittelmeerraum brachten die Kaufleute auch noch eine andere Kostbarkeit mit, den Zucker. Es war nicht der feine weiße Rübenzucker, den wir heute so überreichlich verwenden und billig kaufen können, sondern der Rohrzucker. Er kam in größeren Klumpen, als dickflüssiger, sirupartiger gelber Zuckersaft und als Kandiszucker auf den Markt. Er wurde zu sehr hohen Preisen gehandelt, und so selbstverständlich wie wir heute, konnte man ihn damals nicht benutzen. Zum Süßen der Speisen nahm man den Honig. Für einen Zuckerklumpen von 500 Gramm Gewicht mußte man soviel Geld ausgeben wie für 16 Liter Honig.

Auch Reis, Mandeln, Rosinen und Datteln brachten die Kaufleute aus den fremden Ländern nach Köln.

Auf den Wiesen und Weiden vor der Stadtmauer hielten die Bauern das

Vieh. Doch für die Versorgung des Kölner Marktes mit Rindfleisch, Schweinefleisch, Hammel- und Lammfleisch reichte das nicht aus. Der Fleischverbrauch war so hoch, daß das Vieh aus den Niederlanden, aus Westfriesland und dem Münsterland nach Köln verkauft wurde. Sogar aus Polen, Ungarn, Dänemark und Rußland brachte man allerlei Ochsen auf den Markt nach Köln. Für die Metzger galt – wie für alle anderen Berufe im Mittelalter – eine strenge Spezialisierung. Der eine handelte nur mit Rind-, der andere nur mit Kalbfleisch, ein dritter bot Ziegen, Schafe und Hammel an. Wieder ein anderer war für die Schweine zuständig. Vom Schlachthaus kam das Fleisch auf keinen Fall sofort in die Verkaufsstände der Metzger. Nachdem es von städtischen Beamten auf Fehler hin untersucht worden war, bekam es das Qualitätssiegel »Kölnische Ware«. Erst dann durfte es verkauft werden, und die Händler, Hausfrauen und Köche konnten sich darauf verlassen, daß sie gute Ware gekauft hatten. Zwar hielten sich auch viele Kölner ein Schwein zu Hause und schlachteten auch selbst, aber es gab auch etliche Haushalte, die Großverbraucher waren. Dazu gehörte der reiche Bürger Hermann von Goch. Er hatte ein hohes Amt als erzbischöflicher Siegelverwahrer und Sekretär, und für seinen Haushalt in der Glockengasse wurden gleich sechs Ochsen auf einmal gekauft. Man gab sie an einen Metzger weiter, der daraus ganz nach Wunsch Würste, Schinken und Speck machte. Jedenfalls mußte das Fleisch so haltbar gemacht werden, daß es nicht verdarb, denn Kühlschränke und Tiefkühltruhen gab es ja damals noch nicht. Auch Fisch kam im Haushalt des Hermann von Goch regelmäßig auf den Tisch. Er wurde täglich auf dem Markt frisch eingekauft, manchmal sechs Sorten auf einmal. Am liebsten aß man Hecht, aber auch Krebse, Scholle und Karpfen. Fisch wurde das ganze Jahr hindurch gegessen, als Fleischersatz an Werktagen und als zusätzliche Delikatesse an Sonn- und Feiertagen. Wegen der leichten Verderblichkeit mußte die Aufsicht über den Fischhandel besonders streng sein. Anders war es beim Handel mit Seefischen, die schon haltbar gemacht in Köln ankamen. Hier wurden alle Ladungen kontrolliert. War alles in Ordnung, bekamen die Fischtonnen von den Aufsichtsbeamten den sogenannten »Kölner Brand«. Das war die Garantie für die Qualität der Ware. Viel Arbeit gab es mit den Heringen, die in ungeheuren Mengen rheinaufwärts nach Köln kamen. Hier wurden sie fast immer umgepackt und frisch gesalzen, ehe sie in Köln verkauft oder in viele andere Städte geliefert wurden.

Viele Menschen konnten sich die Schmausereien, von denen schon erzählt wurde, nicht leisten. Dazu gehörte auch Hermanns Großvater Gottschalk, als er ein junger Mann war. Er verdiente so wenig, daß er

sich keinen Wein und kein Bier kaufen wollte. Wenn er Durst hatte, trank er aus einem Steinbehälter, der im Hof stand und in dem sich das Regenwasser gesammelt hatte. Zuerst mußte er jedoch in das Wasser pusten, damit die Kaulquappen, die darin herumschwammen, auf den Grund gingen. Gegessen hat er Brot und Brei aus Getreide: Haferbrei, Buchweizenbrei, Hirsebrei und aus Getreidesorten, die heute verschwunden sind, wie Dinkel, Emmer und Einkorn. Manchmal kam etwas Gemüse hinzu: Verschiedene Kohlsorten, Kraut und Rüben. Ab und zu wurde etwas Fleisch untergekocht, das er vielleicht an der sogenannten Kotzbank auf dem Alter Markt eingekauft hatte. Hier wurde alles verkauft, was von den Tieren übrigblieb: Herz und Nieren, Därme, Hirn, Euter, Kehle und Knochen.
Hunger brauchten die Kölner nicht zu leiden. Obwohl in der Stadt die unbebauten Grundstücke für den Weinanbau benutzt wurden, war Getreide immer genügend vorhanden. Durch die günstige Lage der Stadt am Rhein und das besondere Stapelrecht kam immer genügend Getreide mit den Schiffen an. In Zeiten der Not, bei Mißernten oder Krieg konnten die Menschen ausreichend versorgt werden. In den Kornhäusern der Stadt wurden Vorräte bereitgehalten und zu kontrollierten Preisen weitergegeben. An der Rheingassenpforte stand eine öffentliche Korn- und Mehlwage, auf der man das Getreide wiegen konnte, ehe es zur Mühle gebracht wurde. Auch in dem neuerrichteten Kornhaus beim städtischen Zeughaus wurde eine Korn- und Mehlwage aufgestellt. Für den Getreidehandel gab es eine strenge Ordnung. Das

83 Die Kotzbank auf dem Alter Markt (Ausschnitt aus Abb. 62)

galt auch für die Bäcker. Immer wieder gab es Strafen, wenn das richtige Gewicht nicht eingehalten wurde und das Brot leichter war, als angegeben. Neben der Geldstrafe wurde das Brot dann kurzerhand aufgeschnitten und an die armen Leute verteilt.
Im Haushalt von Hermann von Weinsberg wurde schon sehr früh zu Mittag gegessen, denn nur der Laufjunge hatte zum Frühstück eine Suppe gegessen. Um elf Uhr versammelten sich um den Mittagstisch Hermanns Schwester Sibilla, die beiden Kinder seines verstorbenen Bruders, Hermann und seine Mutter, die das Mittagessen gekocht hatte. An einem anderen Tisch saßen Knechte und Mägde. Täglich kam neben gedörrtem Fleisch auch Frischfleisch auf den Tisch. Es wurde auf Möhren, Rüben und anderem Gemüse gekocht. Dazu gab es Käse und Butter und wahrscheinlich auch Brot. Freitags und samstags wurde Hering und Stockfisch gegessen. Getrunken wurde Bier und Wein. Die Mahlzeit dauerte ungefähr eine Stunde. Die Abendmahlzeit glich dem Mittagessen und wurde um 18 Uhr eingenommen.
In Hermanns Haushalt wurden die vierzig Fastentage zwischen Aschermittwoch und Karfreitag so eingehalten, wie es die katholische Kirche vorschrieb. Keine Fleischspeisen kamen in dieser Zeit auf den Tisch,

84 Der gedeckte Tisch, Detail des Gemäldes »Die beiden Gastmähler«, um 1430

auch keine Butter, Eier, Milch und kein Käse. Zu den Mahlzeiten gab es nur Gemüse, Hering und getrockneten und gesalzenen Fisch. Nüsse, Feigen, Äpfel und Rosinen durften auch gegessen werden. Durch das Fasten sollten Herz und Seele klarer für den Glauben werden. Es diente aber auch der Gesundheit.
Durch die damaligen Eßgewohnheiten hatte man sich im Winter ein Pölsterchen angefuttert, das dem Wohlbefinden nicht unbedingt zuträglich war. Oft wurde in medizinischen Schriften vor dem Überfressen gewarnt. Bis zum späten Mittelalter waren die Fastenbestimmungen sehr streng. Städtische Beamte hatten den Auftrag, diejenigen herauszufinden, die Fleisch kauften, und sie zu bestrafen. Einmal mußten sogar städtische Bedienstete acht Tage bei Wasser und Brot sitzen, weil sie am Freitag in einer Kneipe Fleisch gegessen hatten. Auch der Wirt in der Kneipe »Zum wilden Mann« wurde mit 100 Talern bestraft, weil er während der Fastenzeit Fleisch serviert hatte.
Ob uns die mittelalterlichen Speisen heute schmecken würden? Manches würden wir sicher sehr vorsichtig probieren, wie Pfannkuchen von Hasenlebern, Kuchen von Krebsen. Krebsgemüse, gebratene Hühner mit Senf oder gebratenen Hering mit Zucker. In der damaligen Küche wurde auch sehr stark gewürzt. Manchmal konnte man gar nicht mehr schmecken, woraus die Speisen zubereitet worden waren, so sehr hatte man durch Gewürze ihren Geschmack verändert. Süßes wurde oft salzig gewürzt und Salziges mit Honig zubereitet.
Der gedeckte Tisch in Hermann von Weinsbergs Wohnstube wäre uns sicher etwas leer vorgekommen, weil etliches an Tischgeschirr fehlte, was uns heute selbstverständlich ist. Dazu gehört vor allem die Gabel. Damals wurde mit den Fingern gegessen und die Portionen, die man sich mit dem Messer abschnitt, wurden aufgespießt und in den Mund geschoben. Auch mit einem Brotbrocken holte man sich die Speisen aus der Schüssel, die mitten auf dem Tisch stand. Das Messer gehörte zur Kleidung von Mann und Frau und hing am Gürtel oder wurde in der Tasche mitgeführt. Oft war der Griff aus Holz, Knochen oder Geweih. Reichere Leute bevorzugten edles Metall oder sogar Elfenbein. Zum Eßbesteck gehörte der Löffel. Für den täglichen Gebrauch war er oft aus Holz geschnitzt, wer jedoch etwas besseres haben wollte, beschaffte sich Löffel aus Zinn, Silber oder sogar Gold. Die alltäglichen Speisen wie Suppen oder Breie löffelte man aus kleinen, gedrechselten Holzschalen oder Daubenschalen.
Sie waren wie ein Faß aus einzelnen Dauben zusammengesetzt, die mit einer geflochtenen Weidenrute zusammengehalten wurden. Daraus konnte auch getrunken werden, und sie gehörten zur Grundausstat-

tung des Haushaltes. Erst später wurden die Holzgefäße durch Tonteller, Zinnteller oder Steinzeug-Geschirr abgelöst. Kannen aus Steinzeug dienten als Schankgefäße für Wasser, Wein und Bier. Oft wurden Massen von ihnen als Vorratsgefäße im Speiseraum oder im Keller aufgestellt. Auch Glasgefäße gehörten zur Ausstattung des mittelalterlichen Haushalts. Verbreitet war das sogenannte Maigelein. Außen war es mit einem Muster aus gekreuzten Rippen verziert. Als Zeichen für Reichtum galt die Menge an Zinngefäßen im Haus. In Köln stellten die Kannengießer eine besondere Form der Zinnkannen her. Wenn am offenen Herdfeuer gekocht wurde, stellte man einen dreibeinigen Topf direkt in die Glut. Er konnte aus Ton oder aus Bronze sein und wurde Grapen genannt.

Damals war das Händewaschen vor dem Essen noch wichtiger als heute, weil ja mit den Fingern gegessen wurde. Ohne Wasserleitung im Hause war das natürlich etwas komplizierter als heute. Aus kleineren Gießgefäßen ließ man das Wasser über die Hände laufen und fing es in einer Schale wieder auf.

Etliche der Hausgeräte aus vergangenen Jahrhunderten sind bis heute erhalten geblieben oder im Boden gefunden worden. Eine reiche Anzahl von diesen Gegenstände ist heute im Kölnischen Stadtmuseum und im Museum für Angewandte Kunst ausgestellt.

Für das richtige Verhalten bei Tisch gab es schon damals vielerlei Lehrschriften, die Tischzuchten. Darin stehen Regeln, die wir heute selbstverständlich bei Tisch beachten und die jedes kleine Kind beigebracht bekommt. Einige Belehrungen sind sicher übertrieben. Oder haben sich die Menschen im Mittelalter wirklich so bei Tisch verhalten?

›Manche sind so gefräßig, daß sie nicht mehr auf ihren Mund achten und sich in ihre eigene Hand beißen: so gierig benimmt sich kein höfischer Mann.

Niemand soll den Löffel seines Nachbarn verwenden. Dann benimmt er sich richtig.

Beim Essen in die Hand zu rotzen oder ins Tischtuch zu schneuzen: diese beiden Sachen ziemen sich nicht, wenn ich richtig unterrichtet bin.

Kein wohlerzogener Mann soll sich auf den Tisch legen, und er soll sich auch nicht zu weit zurücklehnen: beides gehört sich nicht.‹

Kinder und Kinderspiel, Schulen und Bildung

Die Kinder

Was wir über die Kinder des Mittelalters wissen, haben erwachsene Leute aufgeschrieben. Kluge Männer gaben Ratschläge, wie man die Kinder erziehen muß und was sie lernen sollen oder wie sie gesund blieben. Auch aus Bildern und Zeichnungen früherer Zeit können wir etwas über die Kinder erfahren: wie sie zur Welt kamen, wie die Säuglinge versorgt wurden, womit sie gespielt haben und wie sie angezogen waren. Manchmal haben Erwachsene sich an ihre Kindheit erinnert und aufgeschrieben, was sie besonders gut behalten hatten.
Wenn ein Kind zur Welt kam, versammelten sich im Schlafzimmer der Mutter ihre Freundinnen und Verwandte und halfen bei der Geburt. Sie badeten das Kind und legten es der Mutter ins Bett. Die Säuglinge wurden fest gewickelt, vom Hals bis zu den Zehen, auch die Arme und Beine. Das Baby zu wickeln war sehr kompliziert und nahm viel Zeit in Anspruch. Aber dafür war das Wickelkind auch sehr brav, denn es schlief lange, schrie wenig und machte nicht viel Arbeit, weil das Herz durch das feste Wickeln langsamer schlug. Man war überzeugt davon, daß das feste Wickeln gut für das Kind ist. Es sollte vor jeglichen äußeren Schäden schützen und Rücken und Gliedmaßen geradehalten. Ob

85 Die hl. Ursula als Wickelkind. Aus dem kleinen Ursula-Zyklus, um 1450/60

sich das Baby allerdings wohlfühlte, danach fragte man nicht. Auf zahlreichen Bildern von früher, die Maria und das Jesuskind zeigen, ist gut zu erkennen, wie die Babys damals gewickelt wurden. Sie zeigen das Jesuskind als festgebündeltes Wickelkind. Im Wallraf-Richartz-Museum befindet sich das Gemälde eines unbekannten Malers, der die Geburt der hl. Ursula dargestellt hat. Die Mutter hält Ursula als Wickelkind im Arm.

Nach vier bis sechs Monaten hörte man mit dem Wickeln auf. Jetzt konnte das Baby wenigstens die Ärmchen und Beinchen freier bewegen. Damit die Babys es schön warm hatten und auch nachts schnell gestillt werden konnten, aber auch aus Armut, schliefen sie oft im Bett der Eltern. Das war nicht ungefährlich und brachte manchen Kindern den frühen Tod. Sie erstickten oder wurden von den schlafenden Eltern erdrückt.

Wenn die Kinder älter wurden, sich hinstellten und krabbelten, kamen sie in den Laufkorb. Er war ein Gestell mit Rädern, in dem sie sich fortbewegen konnten, aber nicht herausfielen. Dazu wurde ihnen der »Fallhut« aufgesetzt. Das war ein kranzartiger Wulst aus dickem Stoff, der unter dem Kinn festgebunden wurde. Der Fallhut ist mit dem heutigen Sturzhelm zu vergleichen, denn er diente dazu, den Kopf vor Anstoß und Aufprall zu schützen. Die Umgebung, in der die Kinder groß wurden, war wenig kinderfreundlich. Vielfach war im Haus auch die Werkstatt und so gab es viele Möglichkeiten, sich zu verletzten. Beim Laufenlernen half das Gängelband. An der Kleidung waren zwei Bänder festgemacht, die vom Erwachsenen gehalten wurden, damit das Kind nicht hinfiel.

Wenn die Kinder so versorgt waren, brauchte man sich nicht viel um sie zu kümmern. Sie waren zwar immer bei den Erwachsenen, aber die hatten ja viel Arbeit und schenkten den Kindern wenig Beachtung. Die Säuglinge und Kleinkinder waren den Menschen in früheren Jahrhunderten eher lästig; für sie waren es unvollständige Erwachsene, denn sie verstanden ja vieles noch nicht, mußten immer versorgt werden, waren ungeschickt, verletzten sich und waren ganz ohne Nutzen.

Trotzdem hatten die Eltern ihre Kinder lieb. Sie waren ja einfach da und lebten mit ihnen in der Gemeinschaft und in der Familie. Oft hatten die Eltern leider erst gar nicht die Möglichkeit, ihr Kind liebzugewinnen, denn viele Babys wurden tot geboren oder starben schon kurz nach der Geburt. Jedes dritte Baby wurde noch nicht einmal ein Jahr alt. Die Hälfte der Kinder starb bis zum fünften Lebensjahr. Ärztliche Hilfe gab es kaum. Die Eltern glaubten oft, daß nur ein Wunder oder die göttliche Gnade ihr Kind vor dem Tode retten könne. Aber das war nur ihre Hoffnung und ihr Wunsch. Sie mußten sich damit abfinden, und der Tod der Kinder traf ja alle Familien, und man war nicht alleine mit Trauer und Schmerz. Manchmal überlebten von 12 oder 14 geborenen Kindern einer Familie nur zwei oder drei. Oft starben alle Kinder, und man hatte keine Nachkommen. Aber wer von uns heute hätte die Geburt und die vielen Kinderkrankheiten ohne den Rat und die Hilfe der Ärzte überlebt? Wie oft waren wir selbst krank, hatten Masern, Keuchhusten, Scharlach, Grippe mit hohem Fieber? Hier konnte nur der Arzt mit der modernen Medizin helfen, und ohne ihn wären wir verloren gewesen.

Manchmal kamen die Kinder auch durch die Unachtsamkeit der Erwachsenen zu Tode oder weil sie nicht genügend beaufsichtigt wurden. Zwei lebensgefährliche Situationen, die er als Kind erlebt hat, erzählt Hermann von Weinsberg: »Als ich wieder gesund war (er hatte die Kinderpocken, woran seine beiden kleinen Schwestern starben), haben einmal die Mägde auf dem Steinweg beim Brunnen hinter dem Haus Weinsberg Kleider gewaschen, und ich stellte mich dazu nach Kinderart. Da bin ich in eine Bütte (Wanne) mit Wasser gefallen und mit dem Kopf darin steckengeblieben so still und heimlich, daß niemand vom Gesinde es vernahm. Zu allem Glück war mein Vater oben auf dem Speicher mit seinem Malz beschäftigt; von ungefähr schaute er zum Fenster hinaus und sieht mich da mit dem Kopf nach unten in der Bütte stecken. Da hat er mit lauter Stimme ›Mordio‹ geschrien und das Gesinde angekrischen, es solle mich herausholen, alles unter großem Schelten und Jammern. Und wie sie mich aus der Bütte zogen, lief mir das Wasser aus dem Munde und ich war mehr denn halber tot, aber man suchte Rat und ich war schon bald wieder genesen.« Ein andermal, als Hermann sechs Jahre alt war, haben seine Eltern im Hause Weinsberg Wein gezapft. »... und während man den Wein in den Keller ließ, stand ich dabei und sah zu. Da löste sich der Kellerbaum, um welchen das Seil geschlungen war, und fiel so dicht neben mir zu Boden, daß er mich am Arme traf, wäre er ein kleines Stückchen näher gekommen, so hätte er mich ohne Zweifel totgeschlagen.«

Auch die Erwachsenen mußten mit ihrem frühen Tod rechnen, vor allem die Mütter, wenn sie ein Kind zur Welt brachten. Oft schenkte die Mutter dem Kind das Leben und sie selbst starb im Kindbett. Wer sollte nun das Baby und die Geschwister großziehen? Der Vater mußte schnell zusehen, daß er eine neue Frau fand, die für die Kinder sorgte und im Haus und in der Werkstatt arbeitete. Die Frau, die er dann heiratete, hatte vielleicht selbst Kinder und ihr war der Mann gestorben, und so lebten in einer Familie oft Kinder und Stiefkinder unter einem

Dach zusammen. War der Vater gestorben, stand die Mutter alleine da, und für sie war es viel schwerer, einen neuen Mann zu finden und das Leben zu meistern. Manche Männer verpflichteten sich für einen Fürsten oder Landesherren in den Krieg zu ziehen, und kamen nie wieder. Manche Männer konnten gar keine Familie ernähren, wieder andere übernahmen ein Amt in der Kirche und durften nicht heiraten. Am schlimmsten war es, wenn das Kind beide Eltern verloren hatte oder die Mutter es bei der Geburt aussetzte, weil sie zu arm war, es zu ernähren. Diese Kinder kamen in ein Findel- oder Waisenhaus.

Waren die Kinder sieben Jahre alt, begann für sie ein ganz neuer Lebensabschnitt, denn die Kindheit war zu Ende. Sie waren in einem Alter, in dem sie lernen konnten. Heute gehen alle Kinder dieses Alters in die Schule – früher waren es nur wenige. Viele Kinder, vor allem die Jungen, verließen die Familie. Sie gingen bei einem Handwerker oder Kaufmann in eine strenge Lehre und lernten durch Helfen und Zusehen. Sie wohnten beim Handwerksmeister oder Kaufmann und wurden dort auch verpflegt. Hatten die Lehrherren oder Lehrfrauen eigene Kinder, so arbeiteten auch diese in der Werkstatt mit. Auch bei den Bauern mußten die Kinder früh helfen, sie lernten langsam, was sie als Erwachsene können mußten. Die meisten Kinder waren mit sieben Jahren in das Arbeitsleben der Erwachsenen einbezogen. Kinder aus dem Findel- oder Waisenhaus entließ man mit sieben Jahren. Jetzt war ihre Arbeitskraft so weit entwickelt, daß sie sich ihren Lebensunterhalt selbst verdienen konnten.

Mit zwölf Jahren waren die Kinder mündig. Auch Hermann von Weinsberg mußte ja schon im Alter von zehn Jahren tüchtig zu Hause helfen und nach der Schule im Keller Wein zapfen. Als er zwölf Jahre alt war, schickte ihn sein Vater auf eine weite Reise nach Saffig (an der Mosel), um für ihn ein Weingeschäft abzuschließen. Bis Andernach fuhr er mit dem Schiff, und er schreibt selbst zu dieser Reise: »Im Sommer hatte mein Vater roten Wein zu Saffig auf dem Meyfelde hinter Andernach ausgehandelt und schickte mich dieses Mal mit Briefen und Bescheiden dahin, hat mir auf ein Briefchen geschrieben, was ich tun sollte, auch wie ich nach dem Weg zu fragen hätte. Meine Mutter gab mir in einem Säckchen ein Töpfchen Butter mit und Geld, damit ich etwas Zehrung hätte. So tat ich meine allererste Reise, da ich zwölf Jahre alt war, nach Saffig, wohnte bei meines Vaters Wirt, richtete meine Dinge mit Fleiß aus und ging wieder nach Andernach hinunter ins Schiff und fuhr herab und brachte auch mein Töpfchen mit Butter wieder zurück.«

Die Schulen

Im Mittelalter konnten die Eltern selbst entscheiden, ob sie ihr Kind zur Schule schickten oder nicht. Viele Menschen konnten weder lesen, schreiben, noch rechnen. Aber die Welt war damals noch nicht so kompliziert, wie sie heute ist. Zwar war es auch damals schon von Vorteil, wenn man lesen, schreiben und rechnen konnte, aber es war nicht lebensnotwendig.

Hermann von Weinsbergs Großvater Gottschalk zum Beispiel lernte erst lesen und schreiben, als er schon über 20 Jahre alt war. Vorher hatte er keine Gelegenheit dazu, denn er kam vom Lande und mußte sich schon früh seinen Lebensunterhalt selbst verdienen. Er hütete die Kühe, Schafe und Schweine und lernte nichts, denn seine Eltern waren sehr arm. Als er vierzehn Jahre alt war, arbeitete er als Stalljunge und später als Knecht in Köln. Er schämte sich auch nicht zu betteln. Aber Großvater Gottschalk wollte nun doch etwas lernen, und als er genug Geld gespart hatte, ging er drei Monate zu einem Schreibmeister, um von ihm lesen und schreiben zu lernen. Er übte es auch später immer wieder und vergaß es sein Lebtag nicht wieder. Hermanns Vater Christian ging schon regelmäßig zur Schule. Zuerst in die Schule der Kirche St. Mauritius, die nahe beim Neumarkt lag, und später, als sie in das Haus Weinsberg umzogen, in die Schulen zu St. Jakob und St. Marien.

Auch Hermann erinnert sich daran, wie er 1524 im Alter von sieben Jahren in die Schule kam: »Auf St. Gregor in den Fasten gingen die Schüler von St. Jakob und St. Georg in den Häusern herum, um zu hören, ob da Kinder wären, die man auf die Schule tun wolle. Wie sie zu uns auf Weinsberg kamen, bewilligten meine Eltern, daß sie mich mitnähmen. So kam ich im Jahre 1524 zum ersten Mal in die Schule zu St. Georg; ich war sieben Jahre alt. Der Schulmeister hieß Magister Antonius Wipperfurdis, war Anno 1504 Schulmeister geworden und war es noch 1561. Auf dieser Schule habe ich angefangen, stillsitzen und schweigen zu lernen, hab auch das ABC lesen und schreiben gelernt, das Paternoster, Ave Maria ... Dieser Schulmeister hielt die Schüler sehr streng, und er hat mich auch oft geschlagen, gewiß nicht wegen meiner Tüchtigkeit. Ich habe auch oft von diesem Schulmeister, wenn er seinen eigenen Sohn so schrecklich unter Gesang geißelte, daß er sich unrein machte, sagen hören: ›Könnte ich euch so korrigieren wie meinen eigenen Sohn, so möchtet ihr wohl züchtiger werden‹.«

Die Schulen gehörten früher zu den Klöstern, Stiften und Pfarrkirchen. Hier lernte man denn auch mehr, was man für die Kirche und den Gottesdienst braucht. Die Texte der einzelnen Gebete, Lesungen und Ge-

86 Spätmittelalterliche Lateinschule, um 1520

sänge wurden den Schülern regelrecht eingebleut. Eben, wie Hermann Weinsberg erzählt, mit Schlägen. Das Würdezeichen des Schulmeisters war dann auch die Zuchtrute, mit der die Kinder geschlagen wurden, wenn sie etwas nicht konnten, nicht aufpaßten oder frech waren. Die kirchlichen Texte wurden in einer fremden Sprache, dem Latein, geschrieben. Diese fremde Sprache erlernten die Kinder durch mühsames Auswendiglernen. Der Lehrer las den Text vor, und die Schüler mußten ihn im Chor immer wiederholen, so lange bis sie ihn konnten. Schulbücher gab es damals kaum, und das erste Lesebuch mit Bildern für die Schulanfänger erschien im Jahre 1477. Daneben lernten die Schüler noch schreiben. Sie benutzten kleine Wachstäfelchen. Die Wachstäfelchen hatten bis auf einen schmalen Rand eine Vertiefung, die mit Wachs ausgefüllt war. Durch Zusätze wie Holz, Talg oder Leinöl wurde das Wachs etwas härter. Damit die Schrift besser lesbar war, färbte man das Wachs schwarz, grün oder braun ein. Manchmal wurden mehrere Täfelchen zu einem ganzen Büchlein mit einem Riemchen oder Draht zusammengebunden. Die Wachstäfelchen waren praktisch. Mit der Spitze eines Griffels aus Metall oder Knochen kratzte man die Buchstaben ein. Wollte man die Wachsfläche von neuem beschreiben, strich man sie mit dem breiten und flachen anderen Ende des Griffels wieder glatt. Nicht nur Schüler benutzten sie, sondern auch Kaufleute, städtische Beamte, ja sogar Dichter und Briefeschreiber. Solche Wachstäfelchen wurden schon jahrhundertelang benutzt, und man hat sie

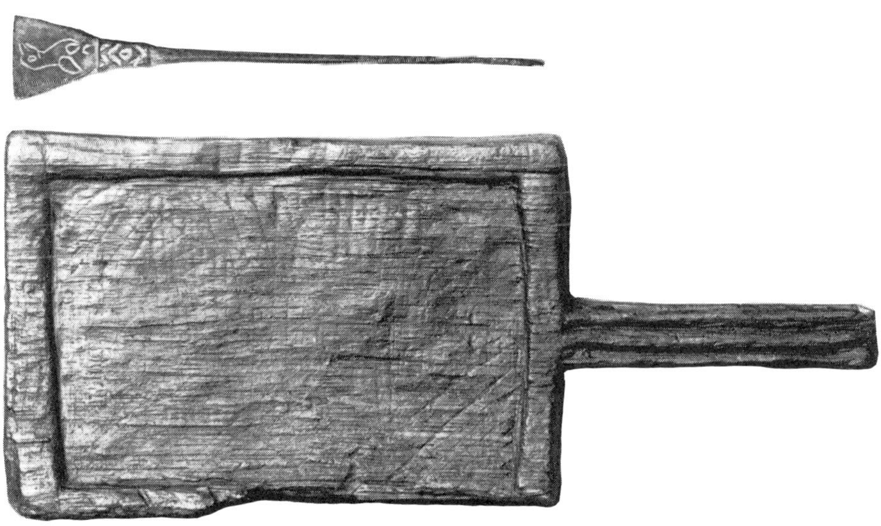

87 Wachstafel und Griffel aus Bronze, 9.–13. Jahrhundert

neben vielen anderen Holzgegenständen in Abfallgruben gefunden. Irgendwann waren sie den Leuten damals nicht mehr schön genug, und da sie billig waren, kaufte man eben neue.
Der Schulunterricht fand in einem einzigen Raum statt. Der Schulmeister überwachte von einem erhöhten Sitz, dem Katheder, die Schüler, die in einem Kreis auf dem Boden oder auf Schemeln saßen.
Oft war die Schulzeit der Kinder mit zwölf Jahren bereits beendet, so wie es bei Hermanns Vater war. Er beklagte sich später oft, daß ihn seine Eltern nicht zum Studieren angehalten hätten. Als erwachsener Mann kaufte er sich Bücher, die damals recht teuer waren. Er las viel, und beim Essen erzählte er seiner Familie, was er gelesen hatte. Er war ganz begeistert davon, was man durch Bücher alles erfahren kann und wie nützlich sie einem Menschen sein können. Er wollte natürlich auch, daß Hermann viel lernte.
Also wechselte Hermann mit 13 Jahren die Schule. Nach sorgfältiger Beratung wurde beschlossen, eine Schule in Emmerich (am Niederrhein, heute kurz vor der holländischen Grenze) zu wählen, weil sie einen besonders guten Ruf hatte. Dort ging es sehr streng zu, aber Hermann lernte viel und hatte zehn Schulkameraden aus Köln. Schläge bekam er dort nicht. In dieser Zeit war Hermann ganz auf sich alleine gestellt. Er wohnte in der Schule, mußte sich aber selbst verpflegen. Später zog er in eine Herberge, und das bekam ihm gar nicht gut. Er erzählt, daß er viel Geld mitgebracht hatte, das eine Zeitlang ausreichen mußte. Aber er konnte nicht damit umgehen, verpraßte und verlieh es, und nach drei Monaten hatte er fast nichts mehr übrig. Da mußte er Armut leiden, niemand teilte etwas mit ihm, und er litt Hunger und Durst. Ganze Wochen aß er nichts anderes als Äpfel, Birnen, Kirschen und Pflaumen und trank dicke Milch. Dann lieh er sich Geld von dem Bürgersmann Jochen Paßens. Als sein Vater das erfuhr, war er sehr böse. In der Zeit in Emmerich wurde er fast ein Jahr lang krank, so daß man dachte, er müsse sterben. Ganze Tage und Nächte lag er einsam in einer Kammer und hatte großes Heimweh. Gelernt hat er in dieser Zeit nichts. Als er wieder gesund war, holte er das Versäumte nach. Kurze Zeit später rief ihn sein Vater nach Köln und mit 16 Jahren begann er in Köln zu studieren.
Die höheren Schulen hießen Bursen und waren Lern- und Wohngemeinschaften von Studenten und Meistern der Hochschule. Man mußte einer Burse angehören, um an der Kölner Universität studieren zu können. In den Bursen ging es streng zu. Alles war genau festgelegt, denn sie waren auch für den Lebenswandel der Studenten verantwortlich, die ja noch sehr jung waren. Der Unterricht begann morgens um

sechs Uhr. Nach dem ersten Studienjahr meldeten die Studenten sich zur ersten Prüfung. Danach folgten noch zwei weitere Prüfungen.
Für manche Studenten war das Leben sehr hart, weil sie nicht genug Geld hatten. Arme Studenten mußten auch betteln gehen oder sich durch Knechtsarbeit das Nötige verdienen. Die Reichen konnten sich ein besseres Leben leisten, sofern der Unterricht es erlaubte. Sie spielten im Stadtgraben Nachlaufen und Ballspiele oder machten Fechtübungen.
Die Studenten waren in der Stadt nicht sehr beliebt, weil sie eingebildet waren und oft für Krawall und Unruhe sorgten. Oft kam es zwischen ihnen zu Schlägereien im Stadtgraben. Auch in der Nähe des Domes und der Trankgasse kam es zu Straßenprügeleien. Hermann von Weinsberg erzählt in seinen Erinnerungen sehr viel vom Studentenleben. Mit 21 Jahren wurde er selbst Rektor einer Burse. Er hatte die Aufsicht über die Studenten zu führen und für ihr Essen und Trinken zu sorgen. Für sein junges Alter war es eine schwere Aufgabe, und manchmal war er verzweifelt. Im Jahre 1543, mit 25 Jahren, schloß er seine juristischen Studien mit dem Doktortitel ab.

Spiel und Spielzeug

Auf Straßen und Plätzen, auf Höfen und in Gärten, im Stadtgraben und am Rheinufer wimmelte es im Mittelalter von spielenden Kindern. Spielplätze und Parks gab es damals noch nicht, und so nutzten die Kinder den freien Raum, um sich auszutoben und mit ihren einfachen Spielsachen zu spielen. Und was spielten die Kinder draußen? Hermann von Weinsberg erzählt hin und wieder davon: »Wenn wir Schüler von der Sandkaul-Schule Urlaub hatten, spielen zu gehen, so spielten wir Topfschlagen, Würfel- oder Klickerspiele; aber ich spielte nicht viel mit den Schülern. Wenn die anderen um Federn, Riemen oder Spielgeld spielten, sah ich gemeiniglich zu.«
Die Würfel waren aus Knochen hergestellt. Sowohl die Sprunggelenke des Schafes als auch die Zehenknochen des Rindes wurden zum Spielen benutzt. Die Sprunggelenkknochen wurden hochgeworfen und fielen auf eine der vier Flächen. Jede Fläche zählte unterschiedlich viel. Oft hatten die Würfel schon die Zahlenkombinationen wie wir sie heute kennen. Die Zehenknochen wurden meist hintereinander aufgestellt und dann mit Klickern aus einiger Entfernung beschossen oder umgekegelt. Klicker oder Murmeln waren ein beliebtes Spielzeug und auch leicht zu beschaffen, weil sie billig waren. Meist waren sie aus Ton

und in unterschiedlichen Farben, rot, weiß und grau, zu haben. Mit den Klickern spielten nicht nur die Kinder. Auch die Erwachsenen hatten ihren Spaß daran, sicher um ihren oft schweren und düsteren Alltag zu vergessen.

Sowohl die größeren als auch die kleineren Kinder spielten gerne mit dem Ball. Es waren natürlich nicht die schönen Hüpfbälle, wie man sie heute hat, sondern in Leder eingenähte Stoffetzen oder Wolle. Natürlich gab es auch eine Vielzahl von Fang- und Ringelspielen, Tanz- und Versteckspiele mit vielen Regeln. Für sportliche Übungen ging man auf das Feld oder in den Stadtgraben, und was die Kinder an Gerät brauchten, bastelten sie sich schnell selbst zusammen.

Das Pferd oder irgendeine Art von Pferdespiel war damals so beliebt und hatte eine so große Bedeutung für die Kinder wie heute das Spielen mit den Autos. Mit dem Steckenpferd spielten sie Ritter oder Krieger. Auf den Schultern von Spielkameraden wurden Reiterkämpfe ausgetragen, die sicherlich oft genug in wilde Raufereien ausarteten. Es gab auch kleine Reiterfigürchen aus weißem Ton, mit denen man Turniere nachstellen konnte, wenn genug von ihnen beisammen waren. Diese Tonfiguren gab es in vielen Ausfertigungen. Manchmal waren sie recht grob gearbeitet. Andere Pferde waren mit Sattel und Zaumzeug reich aufgeputzt. Die Reiter trugen Rock und Wams mit Kragenaufschlägen. Oft war unter dem angewinkelten Arm des Reiters eine Öffnung, durch die eine Lanze aus Holz gesteckt werden konnte. Etliche Reste solcher Figürchen aus weißem Pfeifenton sind 1978 in der Nähe des Domes, am Breslauer Platz, gefunden worden. Hier hatte ein Bilderbäcker seine Werkstatt und seinen Ofen. Die Figürchen, die gefunden wurden, waren wohl gleich neben dem Ofen auf dem Abfallhaufen gelandet, weil sie beim Brand zerbrochen waren oder durch sonstige

88 Reiterfigürchen aus weißem Pfeifenton

Fehler nicht zu verkaufen waren. Über 700 unterschiedliche Figurenreste lagen im Abfall, auch kleine Schiffe, Püppchen und Tiere wie Hunde, Löwen und Affen.
Ein einfaches, aber beliebtes Spielzeug war der Holzreifen, den die Kinder mit dem Stock vor sich her treiben konnten. Es war sicher ein Spielzeug, das sich jedes Kind leicht beschaffen konnte, denn vieles wurde ja damals noch in Holzfässern verpackt, die mit Reifen aus Weidenruten zusammengehalten wurden. Beim Faßbinder fiel sicher solch ein Reifen für die Kinder ab. Holzkreisel und Peitsche, Stelzen und Windrädchen gehörten ebenfalls zu den Spielsachen, die die Kinder besaßen. Hermann von Weinsberg erzählt, daß er eine Kinderarmbrust besessen hat, mit der er meist im Haus herumschoß. Einmal machte die Magd einen Spaß mit ihm und sagte, wenn er schießen könne, solle er ihr in den Po schießen. Doch Hermann zögerte zu lange und anstelle ihres Hinterteils traf er ihr Auge, als sie sich gerade umdrehte. Die Magd schrie: »Mordio, Mordio, mein Auge«, sie litt große Schmerzen an den Augen, aber es heilte bald ohne Schaden des Augenlichts.
Im Hause vertrieben sich die Kinder und Erwachsenen die Zeit oft mit Würfel- oder Brettspielen, wie Mühle oder Trick-Track. Oft spielte man dabei um Geld oder einen anderen Gewinn, und deshalb standen diese Spiele in einem üblen Ruf und galten als verwerflich. Auch im Hause Weinsberg spielte man zuweilen, auch wenn der Vater nicht gerade begeistert davon war. Hermann erzählt über diese Spiele: »Dies Brettspiel hat mich meine Mutter gelehrt, und als mein Vater das sah, sagte er zur Mutter: ›Was? Lehrt ihr ihn spielen? Das ist übel getan!‹ Meine Mutter antwortete: ›Ich muß ihn das Brettspiel lehren, sonst wird es ihm ein anderer zu seinem Schaden beibringen, denn da es allgemein ist, wird er es doch wissen wollen.‹ Aber das war nicht ihr Ernst, denn sie scherzte selbst darüber. Damals hatte ich große Lust am Brettspiel, wir haben oftmals um eine Kanne Weins oder zum Zeitvertreib gespielt, zuletzt sind mir aber Brettspiel und Karten gar zuwider geworden.«
Auch das Schachspiel war im Mittelalter schon bekannt. Doch es wurde weniger von den einfachen Leuten und den Kindern gespielt, weil es langwierig ist und viel Überlegung kostet. Zu dem Spielzeug der kleinen Kinder gehörten die Rasseln und Klappern, die jeder ganz einfach selbst herstellen konnte. Ein abgeschnittener Hühner- oder Gänsehals wurde zu einem Ring geformt und getrocknet. Das Innere füllte man mit kleinen Steinchen, die dann das rasselnde Geräusch gaben. Natürlich gab es auch sehr edle Kinderrasseln aus Silber. Weil man damals

89 Kinderrassel, am unteren Ende eine Pfeife, am oberen Ende ein Eberzahn als Beißhilfe, 18. Jahrhundert

noch an böse Geister glaubte, setzte man der Kinderrassel oft den Zahn eines Ebers oder Wolfes auf. Der Zahn sollte Unheil abwehren und das Kind beschützen. Außerdem konnte das Kind gut darauf herumbeißen, wenn es die ersten Zähne bekam.
Die Spielsachen der Kinder im Mittelalter waren einfach, und die Auswahl war nicht groß. Nicht viele Dinge sind bis heute erhalten geblieben. Einige Spielsachen fanden sich in der Erde und in den Abfallgruben des Mittelalters: ein paar Klicker, etliche zerbrochene Tonfiguren, hin und wieder ein Kreisel oder die Spielsteine der Brettspiele.
Aber die Kinder im Mittelalter haben bestimmt genau so gerne gespielt wie die Kinder heute. Für viele Spiele brauchten sie gar kein Spielzeug, sondern nur ihre eigene Phantasie.

Krankheit und Tod

Die Pest

Als Hermann von Weinsberg am 3. Januar 1518 als ältester Sohn von insgesamt elf Kindern geboren wurde, herrschte in Köln eine schlimme Krankheit, die Pest. Er schreibt: »In meinem Geburtsjahr war ein großes schreckliches Sterben zu Köln und anderswo. In der Stadt starben viele Tausende, so daß man die Gerichte und Schulen schloß und die Heiligen umhertrug. Das Sterben begann früh im Jahr, zwischen Ostern und Pfingsten, und als es schlimmer und schlimmer ward und die Leute zu Tausenden aus Köln entflohen und nirgends mehr Verdienst war, flohen auch meine Eltern aus der Stadt nach Dormagen zu meiner Großmutter und blieben da etliche Monate lang, und sie hatten mich dahin mitgenommen.«
Den schwarzen Tod, wie die Pestkrankheit auch genannt wurde, brachten die Kaufleute in ihren mit Waren schwerbeladenen Schiffen über das Schwarze Meer und das Mittelmeer nach Europa. Auf den Schiffen, zwischen Kornsäcken, Vorräten und Warenballen waren schwarze Ratten versteckt. Sie hatten Flöhe, die die Träger des Pestbazillus waren. Der Floh übertrug den Bazillus auf den Menschen, aber auch von Mensch zu Mensch übertrug man die Krankheit. Nach der Ansteckung starben die Menschen schon innerhalb von zwei Tagen, manchmal dauerte es zwei Wochen. Bei einigen war das Leiden so schwer, daß es sich über mehrere Wochen hinzog. Besonders gefürchtet war die Lungenpest, an der die Menschen qualvoll erstickten und die die größte An-

steckung verursachte. Der schwarze Tod breitete sich überall aus, und in den Jahren 1349–1351 überzog er Deutschland.
In der Stadt war die Ansteckungsgefahr besonders groß. Die Menschen wohnten dicht beieinander in engen Gassen. Die Straßen wurden nicht gereinigt. Schweine durchwühlten die Abfälle, Mäuse und Ratten im Haus und auf den Straßen und Gassen waren alltäglich. Das Trinkwasser war unsauber und gesundheitsgefährdend, weil die Brunnen oft gleich neben den Kloakengruben oder in der Nähe der Handwerksbetriebe lagen, die durch ihre Abfälle das Grundwasser verseuchten. Gegen die Pest wußte man kein Mittel. Das Beste war oft die rechtzeitige Flucht aus der Stadt, so wie es die Eltern von Hermann von Weinsberg gemacht hatten. Die reichen Familien zogen sich auf ihre Landgüter außerhalb der Stadtmauer zurück und hofften, von dem Peststerben verschont zu bleiben. Zu Tausenden verließen die Menschen die Stadt, so daß der Eindruck entstand, sie wäre menschenleer. Für die Zurückgebliebenen gab es Versorgungsschwierigkeiten. Bald starb hier ein Bäcker und dort ein Fleischer. Die Bauern aus dem Umland trauten sich aus Angst vor Ansteckung nicht mehr in die Stadt, um Gemüse, Eier, Geflügel und Korn zu verkaufen. Während einer Pestepidemie verbot der Rat der Stadt den Wirten, Krämern, Bäckern, Fleischhauern, Bürgern und Eingesessenen, nach einem Todesfall weiter ihren Laden offenzuhalten oder Waren umherzutragen. An jedem Pesthaus mußte ein besonderes Zeichen angebracht werden. Die Krankheit konnte jedes Haus treffen, egal ob reich oder arm, und das Zeichen an der Türe bedeutete den Ausschluß aus der Gemeinschaft. Aus Angst vor Ansteckkung versäumten es die Angehörigen und der Arzt bisweilen, sich zu überzeugen, ob der Kranke wirklich tot war.
Manchmal traf das große Sterben viele Menschen einer Familie und auch Knechte und Mägde im Haus. So war es bei Hermanns Großvater Gottschalk, als das große Peststerben im Jahre 1501–1502 wütete. Zuerst starb die Magd Els, und auch Gottschalks Frau erkrankte an der Pest, überstand sie aber und lebte noch 40 Jahre. Dann starb der Knecht Frank und etwas später der Knecht Hubert. Gottschalk wurde schwermütig und traurig, weil so viele Menschen starben. »Auf einen Freitag aber hörte er die Predigt im Dom, und wie er heimging, da schoß ihm unterwegs das Übel (die Pest) ans linke Bein, so daß er sehr erschrak. Er ließ sich die Ader am linken Fuß schlagen und suchte allen möglichen Rat, aber nichts half, denn er ward von Tag zu Tag kränker. Auch sein Sohn Christian ward krank, stand aber wieder auf, seine Tochter Irmgard ward krank und starb noch vor dem Vater. Und sein Sohn Johann stand auch vor ihm und kriegte das böse Ding; Gott-

schalk meinte immer wieder, er werde mit dem Leben davonkommen, gelobte auch viele Bittfahrten. Aber endlich auf Donnerstag, den 13. Oktober, morgens sieben Uhr, kam ihm der Tod ganz schnell. Sein Sohn Johann starb ihm sogleich nach, und Vater und Sohn wurden zusammen begraben.« So starben im Hause Weinsberg binnen kurzer Zeit sechs Menschen an der Pest, und in vielen Häusern wird es nicht anders gewesen sein. In Deutschland starb jeder Dritte. Zu den schlimmsten Pestzeiten reichten die Friedhöfe um die Kirchen nicht mehr aus, um die Toten zu begraben, und es mußten Massengräber für sie angelegt werden. Am 29. September 1451 sollen 200 Menschen gestorben sein, und in einem Buch, in dem die Ereignisse der damaligen Zeit aufgeschrieben wurden, steht, daß 21 000 Tote gezählt wurden. Doch viele der Gezählten waren sicher nur aus der Stadt geflohen und kamen nach Hause zurück, sobald die Gefahr vorbei war, so daß es sicher etliche Tote weniger waren. Im selben Buch wird auch eine Sage erzählt, die die Überschrift trägt: »Im Jahre des Herrn 1400. Wie eine Frau zu Köln, die gestorben und begraben war, wieder ausgegraben und lebendig ward.« Es ist die Sage der Richmodis von Aducht.

Richmodis von Aducht

An der Ecke Neumarkt und Olivengasse stand einst das Haus zum Papageyen. Dort wohnten die vornehmen und reichen Eheleute von der Aducht. Sie waren jung und nocht nicht lange verheiratet. Herr Mengis und seine freundliche Frau Richmodis waren sehr glücklich miteinander.

Eines Tages fühlte Richmodis sich recht krank und wollte morgens nicht aus dem Bett aufstehen. Herr Mengis war sehr besorgt, und trotz guter Pflege und Medizin fühle sich Richmodis von Tag zu Tag schlechter. Der Arzt kam, und nach einer flüchtigen Untersuchung war ihm schnell klar, daß es keine Rettung für die junge Frau gab, und er verließ in großer Eile das Haus zum Papageyen. Richmodis war, wie viele Leute in Köln, an der Pest erkrankt. Schon bald, nachdem der Arzt das Haus verlassen hatte, gab Richmodis kein Lebenszeichen mehr von sich, und Herr Mengis stand weinend und trauernd am Sterbebett. Trotz seiner Trauer veranlaßte er das Notwendige, denn der Rat der Stadt hatte angeordnet, die Pesttoten schnellstens aus dem Hause zu schaffen und zu begraben. Eilig wurde die tote Richmodis in ein Leichenhemd gekleidet und in den Sarg gelegt. Zwei Totengräber hatten schon das schwarze Kreuz an die Türe gemalt und standen nun

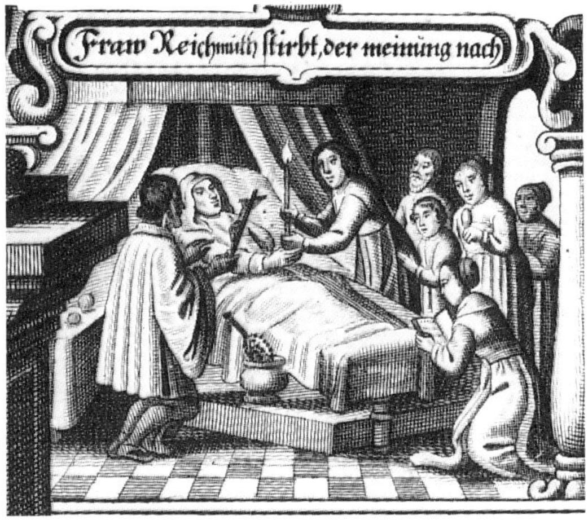

90 Richmodis auf dem Sterbebett

bereit, den Sarg aus dem Hause zu tragen. Doch Mengis konnte sich nicht von seiner Richmodis trennen, und ehe der Sargdeckel zugenagelt wurde, schaute er sie lange an. An ihrer rechten Hand funkelte der kostbare Trauring. Ihn sollte sie mit ins Grab nehmen, um für immer mit ihm verbunden zu bleiben. Unbemerkt waren die Totengräber hinter Mengis getreten. Nach einem kurzen Blick in den Sarg machten sie sich geräuschvoll bemerkbar, nahmen ihr Handwerkszeug und nagelten den Sarg zu.

Inzwischen waren Verwandte, Freunde, Nachbarn und das Gesinde versammelt, und in feierlichem Leichenzug brachte man Richmodis zum nahegelegenen Friedhof von St. Aposteln. Der Sarg wurde in die Erde gebettet, die Totengräber schaufelten das Grab zu, und bald war die Zeremonie beendet.

Kaum hatten sich die Trauernden entfernt, platzte der eine Totengräber heraus: »Hast du gesehen, welch kostbaren Ring die Tote noch am Finger trug? Der liegt jetzt auch unter der Erde. Was soll er der Toten jetzt noch nutzen? Was soll sie mit einem kostbaren Ring, wenn sie tot ist?« Der andere erschrak und mahnte seinen Kumpel wegen der bösen Gedanken. Doch das machte ihn nur noch wütender. »Die Reichen können es sich leisten, ein Vermögen unter der Erde zu vergraben. Und wir? Tag für Tag müssen wir Gruben ausheben und Särge schleppen. Und das für einen Hungerlohn. Niemals im Leben haben wir so viel Geld, wie solch ein Ring kostet. Ich wüßte schon, was ich mit dem Geld anfangen würde, das man für solch einen Ring bekommt. Meine Frau und meine Kinder schickte ich auf den Alter Markt, alle die Köstlich-

91 Richmodis wird im feierlichen Leichenzug zu Grabe getragen

keiten kaufen, die sich die Reichen jeden Tag leisten. Ein Zinshaus würde ich mieten, damit wir aus dem dreckigen, feuchten Rattenloch an der Stadtmauer herauskommen.« Den beiden lief das Wasser im Munde zusammen, und in ihren Köpfen entstanden die schönsten Gedanken. Bald hatten sie einen Plan und waren sich einig.
Im Hause zum Papageyen trauerte Herr Mengis seiner geliebten Richmodis nach und ging unruhig im Turmzimmer auf und ab. Auch als die Turmuhr schon Mitternacht schlug, fand er noch keine Ruhe. Um diese Stunde schlichen zwei Gestalten mit Schaufeln und Hacken durch die dunkle Nacht zum Friedhof von St. Aposteln. Die Blendlaterne, die sie in der Hand hielten, schaukelte hin und her und gab nur spärliches Licht. Doch sie erreichten ihr Ziel ohne Aufsehen. Hastig machten sie sich an dem frisch aufgeschaufelten Grab der Richmodis von Aducht zu schaffen. Mit ihren Hacken und Schaufeln hoben sie das Erdreich wieder aus, das sie kurz zuvor eigenhändig auf den Sarg geschaufelt hatten. Bald war der Sargdeckel freigelegt, und die beiden gönnten sich eine kurze Pause, um sich den Schweiß von der Stirn zu wischen. Unruhig schauten sie sich um, stellten die Blendlaterne dicht an die Grube und machten sich daran, den Sargdeckel zu lockern. Knarrend löste er sich, und im matten Schein der Laterne leuchtete das weiße Totenhemd. Nun galt es nur noch, der Toten den Ring vom Finger zu ziehen, um den Plan zu vollenden. Mit abgewendetem Gesicht ergriff einer der beiden die Hand der Leiche, fühlte den Ring und wollte ihn ohne jegliche Anstrengung vom Finger streifen. Doch der Ring umschloß den Finger fest. Er ließ sich kaum nennenswert bewegen.

92 Die scheintote Richmodis erwacht und die Totengräber ergreifen die Flucht

Nun zog und zerrte er, und um den Widerstand in Augenschein zu nehmen, wendete er sein Gesicht um und blickte in die geöffneten Augen der angeblich Toten. Gleichzeitig spürte er, wie die fremde Hand sich bewegte und sich um seine eigene schloß. Im Unklaren, ob seine Empfindung nur Einbildung oder Wirklichkeit war, erstarrte er für Bruchteile von Sekunden. Nachdem er wieder bei Sinnen war, richtete sich die vermeintlich Tote in ihrem Sarg ein wenig hoch und schaute ihn an. Doch das war zuviel für die Nerven des armen Totengräbers, der am ganzen Leibe zu zittern begann. Sein Kumpel ließ mit einem Schrei die Laterne fallen, und beide rannten in Todesangst davon.

Halb sitzend, halb liegend verharrte Richmodis in ihrem Sarg und glaubte an einen schlimmen Traum. Ängstlich blickte sie um sich, sah die herabgefallene Laterne, die gespenstisch einige Grabkreuze beleuchtete, und die Kirche, die ihr wohlbekannt war. Sie blickte an sich herab und befühlte das Hemd, das sie trug. Sie erkannte es nicht als ihr Kleidungsstück. Langsam ahnte sie, was geschehen sein konnte. Tief atmete sie den kühlen Wind ein, raffte ihr Hemd zusammen und kletterte benommen aus ihrem Holzsarg. Sie nahm die Lampe und wankte zitternd und frierend über den Friedhof in Richtung Neumarkt auf ihr Haus zu. Am Haustor zog sie die Glocke und rief mit erstickter Stimme um Hilfe. Schon öffnete sich ein Fenster im oberen Stockwerk, und die barsche Stimme eines Knechtes war zu hören. Als er die weiße Gestalt erblickte, ängstigte er sich, und ehe Richmodis ihren Hilferuf wiederholen konnte, schlug der das Fenster wieder zu, und alles war

93 Richmodis geht heim und weckt ihren Mann und das Gesinde auf

still wie zuvor. Wieder zerrte Richmodis an der Glocke und pochte gegen die Tür. Flehend rief sie nach Mengis, ihrem Mann. Durch den Lärm erwachten die Bewohner des Hauses, und auch Herr Mengis wurde aufmerksam. Wieder öffnete sich das Fenster, und nun vernahm man laut und deutlich die Stimme von Richmodis: »Lieber Mann, erbarme dich! Öffne mir die Türe. Ich bin deine Frau, ich bin Richmodis!«. Ungläubig schauten sich die Bewohner an, und Mengis schrie mit ungehaltener Stimme: »Schert euch zum Teufel, elende Lügnerin. Meine Frau habe ich heute auf dem Friedhof von St. Aposteln begra-

94 Richmodis wird umsorgt

ben. Eher stecken meine Schimmel den Kopf aus dem obersten Fenster des Turmes, als daß ihr Richmodis seid ...« Kaum waren seine Worte verklungen, da polterten die beiden Schimmel die Treppe zum Turmzimmer hoch, wieherten kräftig und streckten ihre Köpfe zum Turmzimmer hinaus. Knechte und Mägde drängten sich ängstlich um Mengis und wichen nicht von der Stelle. Doch Mengis schob sie beiseite, rannte die Treppe hinunter und öffnete eilig die Haustür. Schluchzend fiel ihm Richmodis in die Arme, und überglücklich trug Mengis sie ins Haus. Schnell wurde das Feuer wieder angefacht und der Kessel mit der Suppe darübergehangen. In warme Decken gehüllt erzählte Richmodis immer wieder von der Begebenheit auf dem Friedhof.
Durch gute Pflege und die Liebe ihres Mannes wurde Richmodis wieder völlig gesund und bekam später noch drei gesunde Jungen.

Der Aussatz

War auch die Pest ein immer wiederkehrender Schrecken für die Menschen, so war man doch sicher, daß sie irgendwann vorbeisein würde. Bedrückender war die ständige Angst vor dem Aussatz, der über viele Jahrhunderte schlimme Folgen für die Erkrankten hatte. Der Aussatz oder die Lepra wurde von den Römern aus dem Orient auch nach Deutschland eingeschleppt. Sie ist eine ansteckende Krankheit mit auffälligen Veränderungen an der Haut, den Nerven und den Knochen.
Im Mittelalter kannte man kein Heilmittel gegen sie und wußte sich nicht anders zu helfen, als die Kranken von den Gesunden zu trennen. Man schützte sich vor der Ansteckung durch Ausstoßung, Aussetzung der vom Aussatz befallenen Männer, Frauen und Kinder.
Seit dem frühen Mittelalter befand sich an der Aachener Straße das Kölner Leprosenhaus Melaten. Es war eine große Anlage mit etlichen Gebäuden, einer Kapelle mit Friedhof und Häuser mit Kammern für die Kranken. Der Standort war gut gewählt, denn auf der Aachener Straße war viel Verkehr. Reisende, Pilger und Geschäftsleute wollten durch das Hahnentor in die Stadt, und von ihnen hoffte man auf eine milde Gabe in den Opferstock, der gleich vor Melaten aufgestellt war. Durch ihre Spende sollte der Lebensunterhalt der Leprakranken zusätzlich gesichert werden. In Köln gab es noch drei weitere Leprosenhäuser außerhalb der Stadt: In Rodenkirchen und Riehl, nicht weit vom Rhein entfernt, und an der Bonner Straße, am Judenbüchel. Alle hatten jeweils eine Kapelle und Häuschen für die Kranken. Die Anlagen waren jedoch viel kleiner als die große Anlage von Melaten.

95 Ein Aussätziger wird von den »proiffmeistern« untersucht, Holzschnitt, 1529

Wenn jemand in den Verdacht geriet, an Aussatz erkrankt zu sein, mußte er sich untersuchen lassen. In Melaten wurde diese Untersuchung von den Leprosen selbst, von den »proiffmeistern« durchgeführt. Sie kannten sich ja mit der Krankheit bestens aus. Hatte sich der Erkrankte tatsächlich angesteckt, so wurde ihm ein Urteil gesprochen. Das Urteil war fast wie ein Todesurteil, denn der Kranke mußte seine Familie und sein Haus verlassen. Er wurde von der Gemeinschaft abgesondert und in einem besonderen kirchlichen Verfahren für tot erklärt. Hatte der Kranke Geld oder sonstiges Vermögen, mußte er sich in das Leprosenhaus einkaufen. Er bekam dafür wöchentlich eine bestimmte Summe Geld, die Unterkunft und die Verpflegung. Arme wurden ohne Entgelt aufgenommen und betreut. Für die Armen waren die Stiftungen und Spenden da, die im Mittelalter meist gerne und reichlich gegeben wurden.

Im Leprosenhaus war das Leben streng geregelt, und die Menschen mußten sich in die Gemeinschaft der Siechen einordnen. Alle trugen eine einheitlich blaue oder graue Tracht. Sie durften nicht mit Gesunden in Kontakt kommen, ob in der Kirche, auf dem Markt, im Wirtshaus oder in der Mühle. Wenn ihnen ein Gesunder begegnete, mußten sie »aus dem Wind« gehen, um ihn nicht anzustecken. Ihre Hände durften sie nicht in Quellen oder fließendem Wasser waschen, und zum Trinken sollten sie das Wasser mit einem Becher oder Gefäß schöpfen. Wollten sie einen Steg oder eine Brücke passieren, sollten sie das Geländer nur mit Handschuhen berühren. Es ist schon erstaunlich, wie gut man sich im Mittelalter bereits mit Ansteckungsgefahren auskannte. Auch innerhalb des Siechenhauses herrschten strenge Vorschriften und Regeln, an die sie sich halten mußten. Sie waren zu Gehorsam gegenüber dem Hospitalmeister verpflichtet und mußten auch arbeiten, wenn sie nicht zu krank dazu waren. Der Hospitalmeister bestimmte die Schlafenszeit, und gebadet wurde zweimal in der Woche. Kein Kranker durfte zum Einkaufen in die Stadt, und außer dem Kaufhandel war ihnen jegliches Handwerk untersagt.

Manchmal reichten die Einkünfte von Melaten nicht aus, um die Kranken zu versorgen. Sie konnten ihren Lebensunterhalt ja nicht selbst verdienen, weil es den an der »abschawlichen krankheitt deß aussatz« leidenden Menschen ja verboten war, einen Beruf auszuüben. Dann wurde ein sogenannter Schellenknecht eingestellt. Es war ein gesunder Mann, der »teglich bedlen geen solle«. Mit einer Glocke, einer Büchse und einem Bettelsack ging er Tag für Tag durch Köln und sammelte Almosen – Geld und Lebensmittel ein. Er hatte einen festgelegten Wegeplan, der ihn an jedem Tag der Woche in andere Straßen und Viertel führte.

96 Leprosen-Männchen mit Klapper, Sandstein, 1630

Die Kranken selbst durften nur zu bestimmten Zeiten in die Stadt kommen. Besonders beliebt war der Donnerstag vor Ostern, an dem jeder, der wollte, betteln konnte. Vorgeschrieben war jedoch die Kleidung, an der er zu erkennen war: eine Kniehose und eine Joppe, darüber der bis zu den Knien reichende weiße Siechenmantel, weiße Handschuhe und ein großer Hut auf dem Kopf. Die Klapper durfte natürlich nicht fehlen.
Für kurze Zeit erlaubte der Rat der Stadt auch, daß die Siechen jede Woche am Freitag und am Sonntag in die Stadt kommen durften um zu betteln. Übernachten durften sie jedoch nicht in der Stadt. Später wurde es wieder verboten, weil viele Kranke nicht die vorschriftsmäßige Kleidung trugen und nicht mehr zu kontrollieren war, ob sie des Abends durch die Stadttore die Stadt verließen.
In späterer Zeit ging die Krankheit mehr und mehr zurück. Im 17. Jahrhundert stellte sich bei den neun Bewohnern von Melaten heraus, die dort gut versorgt wurden, daß acht von ihnen gesund waren und nur eine Frau leicht erkrankt war. Nun brauchte man die Siechenhäuser nicht mehr, und sie wurden abgerissen.

Die Krankheiten

Die Menschen wurden damals nicht nur von Seuchen, sondern auch von ganz normalen Krankheiten geplagt. Hermann von Weinsberg zum Beispiel war oft krank, und er erzählt sehr gern und ausführlich davon. Als er noch sehr klein war, bekam er die Röteln, und ihm wurde später erzählt, daß er sehr ungeduldig und lästig während dieser Krankheit gewesen sei. Sein Vater mußte nachts oft aufstehen, um ihn mit allerlei Späßen und Spielereien zu beruhigen. Einmal fiel eine Magd, die ihn auf dem Arm trug, hin. Hermann bekam ein großes Loch in den Kopf, so daß man fürchtete, er hätte auch am Gehirn einen Schaden. Noch viel öfter als heute konnte man die Läuse bekommen, und Hermann wurde das Ungeziefer trotz Bäder und Einreiben lange nicht los. Als Hermann vier Jahre alt war, hatte der schon zwei Schwestern. Sie hießen Merg und Drutgin. Alle zugleich bekamen sie die Kinderpocken und lagen auf dem Saal zu Weinsberg. Obwohl sie gut gepflegt wurden und ärztliche Versorgung hatten, starb zuerst seine Schwester Merg und kurz darauf auch Drutgin. Beide wurden neben dem Großvater Gottschalk begraben, und Hermann war wieder das einzige Kind seiner Eltern.
Medizin zu schlucken war schon damals ein Graus genauso wie heute.

Als Hermann die Würmer hatte, wollten sie ihm Wurmkraut und andere bittere Medizin eingeben. Aber er wollte es nicht. Sie haben ihn mit guten und mit bösen Worten beredet, er müsse das Wurmkraut essen oder in die schwarze Erde fahren (das heißt er müsse sterben). Aber Hermann blieb stur und nahm das Wurmkraut nicht. Trotzdem wurde er wieder gesund. Für Hermann war es sehr schlimm, wenn er Nasenbluten hatte, denn die Eltern waren ratlos und probierten allerlei aus, um das Bluten zu stoppen. Wenn er stark blutete und ganz bleich und ohnmächtig war, setzte man ihn ganze Tage lang in den kühlen Keller und meinte, es würde helfen. Aber es half nicht. Man hing ihm allerlei um den Hals, von dem man glaubte, es hätte heilende Kräfte, steckte ihm die Nasenlöcher zu, schüttete ihm plötzlich kaltes Wasser in den Nacken, nähte ihm Blutsteine ins Hemd und dergleichen mehr. Manchmal half es und manchmal nicht. Aber wehe, im Mund und an den Zähnen war etwas nicht in Ordnung. Als er mit neun Jahren ein »Gebresten« im Mund bekam und ihm faules Fleisch an den Zähnen wuchs, mußte er zum Bartscherer gehen. Sie waren oft zugleich für Wunden und Zähne zuständig. Der schnitt ihm das faule Fleisch mit der Schere weg und zog ihm mit der Hand etliche Zähne aus. Da läuft uns heute eine Gänsehaut über den Rücken, aber Hermann spürte keinen Schmerz.
Hermann von Weinsberg erzählte noch von vielen Krankheiten, und man kann sich nur wundern, daß er trotzdem 79 Jahre alt geworden ist.

Der Tod

Für die Menschen im Mittelalter war der Tod viel normaler, als er für uns Menschen heute ist. Im Durchschnitt wurden die Menschen nicht sehr alt. Kinder hatten oft keine Großeltern und auch keine Eltern mehr. Viele Erwachsene heirateten mehrmals, weil der Mann oder die Frau starb. Viele Kinder hatten Stiefmütter oder Stiefväter. Alle wußten damals, daß der Tod sehr schnell kommen kann: bei der Geburt eines Kindes, durch Seuchen, durch ansteckende Krankheiten, gegen die noch kein Heilmittel gefunden war. Jeder versuchte sein Leben so einzurichten, daß er nicht vom Tod überrascht wurde. Im Kreise der Familie bereitete man sich auf den nahen Tod vor, machte sein Testament, ließ Verwandte und Freunde kommen und vor allem den Priester, der die Beichte abnahm und die letzte Ölung spendete.
Anders als heute starben die meisten Menschen zu Hause in ihrem eigenen Bett. Dann wurden die Toten zu Hause aufgebahrt. Während

dieser Zeit stellten die Angehörigen ein Kreuz und rote hölzerne Kerzenleuchter vor dem Hause auf. Die Anzahl der Kerzen richtete sich nach dem Ansehen und dem Vermögen des Toten. Für normale Menschen reichten vier Kerzen, Adelige und Reiche bekamen sechs Kerzen und besonders hoch angesehenen Männern und Bürgermeistern wurden zehn bis zwölf Kerzen aufgestellt. Weil die Kerzen sehr teuer waren, durften ärmere Leute auch ein Brett mit einem aufgemalten Kreuz aufstellen. Die traurige Nachricht des Todes wurde den Verwandten, Freunden und Arbeitskollegen durch einen Boten angesagt. Oft waren es Kirchendiener, die diese Aufgabe übernahmen. Dann war es üblich, die Totenwache zu halten. Für die Arbeitskollegen und Zunftgenossen war es eine Ehrenpflicht, aber auch Verwandte und Freunde erschienen, um für die Seelenruhe des Verstorbenen zu beten. Manchmal wurde jedoch mehr gefeiert als gebetet, vor allem dann, wenn Männer und Frauen gemeinsam die Totenwache hielten. Deshalb bestimmte der Rat, daß beim Tode eines Mannes nur Männer und beim Tode einer Frau nur Frauen die Totenwache halten durften. Starb ein Kind, so kamen seine Spielkameraden und Freunde und schmückten den Kopf der Leiche mit einem Kränzchen aus Rosmarin. Kinder wurden in einen weißen Holzsarg gebettet. Nachdem die Toten zwei Tage lang aufgebahrt lagen, holten die Leichenträger den Sarg aus dem Hause. Sie mußten sorgsam darauf achten, daß die Toten mit den Füßen zuerst aus der Haustüre getragen wurden. Die Menschen glaubten damals nämlich, daß die Toten sonst zurückkehren, spuken oder sonstigen Schaden anrichten. An der Prozession zum Friedhof nahmen viele

97 Ein Leichenzug vor der Kirche St. Pantaleon, 1660–1665

Menschen teil: die Gaffelboten, die Träger für die Kerzen, der Pfarrer und mehrere Priester und Kirchendiener der umliegenden Kirchen, vielleicht noch zwei Schulmeister und auch Schulkinder. Hinzu kamen noch die Verwandten, die Freunde und die Berufskollegen.

Die Toten wurden auf dem Friedhof begraben, der direkt bei der Pfarrkirche lag. Sonntags wurden die Gräber nach dem Hochamt mit Weihwasser besprengt. Man glaubte, daß die Toten dadurch am Leben der Gemeinde und an der Meßfeier teilhätten. Die Friedhöfe um die Kirchen waren nicht sehr groß, und schon nach kurzer Zeit mußten die Gräber umgegraben werden, um Platz für neu Verstorbene zu machen. Die Gebeine oder Überreste wurden eingesammelt und in besonderen Beinhäusern beigesetzt.

Besonders hochgestellte Personen durften auch in den Kirchen begraben werden. Dazu gehörten Bischöfe, würdige Priester, Grafen und Herzöge. Die Gräber dieser Menschen sollten den Heiligen, die in der Kirche verehrt wurden, möglichst nahe sein. Sie wollten am Tage der Auferstehung die ersten sein, denen die Heiligen beistanden und sie mit in den Himmel nahmen. Heute sieht man noch in vielen Kirchen schwere Grabplatten, die in den Boden eingelassen sind, oder auch große Steinsärge und Familiengruften, in denen die damals berühmten Toten ruhen.

Fremde die in Köln starben, wurden nicht auf den Friedhöfen um die Kirchen begraben. Für sie gab es einen besonderen Friedhof. Der wichtigste lag an der alten Römerstraße nach Bonn und hieß Elendsfriedhof. Es war eben ein Elend, fern der Heimat zu sterben. Später durften hier auch Menschen begraben werden, die im Gefängnis oder am Galgen gestorben waren. Auch die Menschen, die anders dachten als die katholische Kirche es vorschrieb, wurden hier beigesetzt.

Der Tod brachte für die Angehörigen Verpflichtungen mit sich, die viel Geld kosteten. Mancher konnte das nicht bezahlen. Dann wurden die Toten manchmal heimlich bei Dunkelheit aus dem Hause geschafft und außerhalb der Stadt begraben. Auch Gärten, Höfe und Keller benutzte man dann als Begräbnisplatz. Erfuhr der Rat davon, drohte eine Bestrafung, denn es mußte ordentlich festgestellt werden, ob jemand eines natürlichen Todes gestorben war, oder nicht etwa ein Verbrechen vorlag.

Glaube und Frömmigkeit

Die Menschen im Mittelalter dachten und fühlten anders als wir Menschen heute. Nur wenige konnten lesen und schreiben, und das Wissen beschränkte sich auf den eigenen Arbeitsbereich. Sie hatten eine andere Vorstellung von der Welt, in der sie lebten. Sie glaubten an eine Vielzahl von Schrecken, Ungeheuern und Fabelwesen, welche die Ränder der bewohnten Welt unsicher machten, denn die Erde dachten sich manche als eine runde Scheibe, deren Rand an einem tiefen Abgrund endete. Die Menschen wurden von der Natur beherrscht, denn sie brachte Krankheit, Hunger, Viehsterben und Seuchen.
Damals glaubten die Menschen, daß all das nur mit Gott zusammenhängt. Mit allen Unglücken und schlimmen Dingen auf der Welt straft Gott die Menschen, er gibt ihnen ein Zeichen vom Himmel. Auch die Naturereignisse waren Zeichen göttlichen Zorns. In düsteren Wolken und Himmelserscheinungen wie Kometen sahen sie ein Vorzeichen für Kriege, Hungersnöte und Tod. Auch Hermann von Weinsberg berich-

98 Ein Mensch am Rande der Welt, Holzschnitt

tete über Naturerscheinungen: »Im selben Jahr (1560) sind in Deutschland viele Erdbeben gewesen. Auch war eine große schreckliche Eclipsis in der Sonnen (Sonnenfinsternis) um zehn Uhr mittags, ich kam gerade von Worringen, war im Felde zwischen Fühlingen und Merheim, sah, daß es so duster war, daß man nicht einen Buchstaben hat lesen können, als wäre es schon Abend gewesen, und die Sonne war ganz verdeckt, daß man kaum etwas Weißes sah. Was das bewirkt oder bedeutet, Gutes oder Böses, weiß Gott, aber es ist im gleichen Jahr ein Sterben aufgekommen, daß es nicht so bald aufgehört hat.« Auch Hermann von Weinsberg ist sich also nicht ganz sicher, ob die Sonnenfinsternis nicht ein Zeichen Gottes war, daß in nächster Zeit viele Menschen sterben mußten.
Für die Menschen hatte die Religion eine sehr große Bedeutung. Sie suchten für die Wirrsal des Lebens einen Ausgleich und eine Stütze in der Religion, bei Gott und der Kirche. Die Gottesfürchtigkeit und die Frömmigkeit brachten es mit sich, daß die Menschen ganz selbstverständlich die Lehren der Kirche befolgten und am religiösen Leben teilnahmen. Sie strömten in die Kirchen und Kapellen, denn der Kirchenbesuch gehörte für jeden dazu. An Sonn- und Feiertagen stand man sogar zwei- oder dreimal in der Kirche, die Reichen vorne, die Armen hinten, oder hielt knieend die Andacht. Sitzbänke in der Kirche gab es im Mittelalter noch nicht. Nur die Geistlichen im Chorraum hatten Sitzbänke. Die Sprache beim Gottesdienst war meist das Latein. Das war den Menschen fremd, und die seltsamen Töne hatten etwas Geheimnisvolles an sich. In der Kirche konnten die Menschen ihren Alltag in engen Straßen, niedrigen und dumpfen Häusern vergessen und sich wie in einer himmlischen Welt fühlen. Sie konnten auf schöne Dinge blicken: bunte Glasfenster, durch die das Licht schimmerte, Bilder mit goldenem Hintergrund, die vom Leben der Heiligen oder von der Heilsgeschichte erzählten, kostbares Altargerät, Meßdiener mit Kerzen und Weihrauch und Geistliche in kostbaren Meßgewändern. Solche Farben, solcher Schmuck und solche Gesänge gab es nur in der Kirche oder bei den Festen reicher Fürsten. Der Reichtum und die Schönheit dieser Dinge stand in krassem Widerspruch zum mühevollen Leben der Menschen. Die Kirche war auch oft der einzige größere Versammlungsraum, in dem sich die Menschen der Gemeinde trafen. Sie konnten darin schwatzen und sich Neuigkeiten erzählen. Wer reich war, zeigte hier seine kostbaren Gewänder, seine Pelze und seinen Schmuck. In der Kirche fühlten sich alle zu Hause.
Besondere Anlässe, in der Kirche zu feiern, gab es genug. Das Kirchenjahr bot eine Fülle von Fest- und Feiertagen zu Ehren der Heiligen.

Dazu kamen die festlichen Messen in den Stifts- und Klosterkirchen, die Jahrgedächtnisfeiern für die Verstorbenen, die zu ihren Lebzeiten oft noch den genauen Ablauf festgelegt hatten. Der Graf von Neuenahr bestimmte für sich und seine Frau genau, wie das Jahrgedächtnis zu feiern war. Von den Jungfrauen des Klosters Mariengarten sollte viermal im Jahr mit Messen, Gebeten, Gottesdiensten am Vortag hoher katholischer Feste, mit Beleuchtung und Grabbesuch ihrer gedacht werden. Viermal in der Woche wollte er die Messe gelesen haben, und zwar am Sonntag, Donnerstag, Freitag und Samstag. Für alle Kosten, die dadurch entstanden, sicherte er dem Kloster regelmäßige Einkünfte zu. Neben dem Grafen gab es noch etliche Kölner, die ähnliches bestimmten.

Aus dem mittelalterlichen Köln waren auch die feierlichen Prozessionen nicht wegzudenken. Als Erzbischof Anno II im Jahre 1075 starb, fand eine außergewöhnliche Prozession statt. Fast eine ganze Woche lang trug man ihn unter dem Geläut aller Glocken in einem Festzug von einer großen romanischen Kirche zur anderen. Solch eine Leichenprozession hatte Köln noch nicht gesehen. In Notzeiten, bei Hochwasser, Dürre, Seuchen und Kriegsgefahr führte man besondere Bittprozessionen durch. Auch die Reliquienprozessionen waren ein großes Schauspiel und versetzten das Volk in Hochstimmung. Reliquienschreine, versilberte und vergoldete Büsten, was an Kostbarkeiten in den Kirchen war, wurde dann mitgeführt, und die Musikanten spielten feierliche Weisen dazu.

Eine besondere Prozession, die vom Rat und von den Bürgern organisiert wurde, war die Gottestracht. Am zweiten Freitag nach Ostern, »an dem Dagh der Wapen unseres Herrn« (Fest der Lanze und der Nägel), versammelten sich am Dom viele Menschen und hohe Herrschaften.

Schon am Abend vorher böllerte es von den Wällen der Stadtbefestigung, um allen das große Ereignis gebührend anzukündigen. Für die besonders Vornehmen schoß man noch den Ehrensalut. Am nächsten Morgen läuteten die Glocken aller Kölner Kirchen, um die Menschen zu wecken. Während um sieben Uhr das feierliche Hochamt im Dom gehalten wurde, ordnete sich draußen vor der Türe der bunte Zug, an dessen Spitze die Frauen und die Kinder zu gehen hatten. Wohlgeordnet reihten sich die Angehörigen der vielen Stifte und Klöster, der Zünfte und Gaffeln und die Bürger und Patrizier ein. Das Schlußlicht als 38. Gruppe bildeten die Soldaten und Nachtwächter. Zwischendrin sorgten »der Stat Spielleut«, die städtische Kapelle mit Schalmeien, Zinken, Trompeten und Pfeifen für die angemessene geistliche Musik.

Die unendlich lange Prozession zog nun von Station zu Station auf einem festgelegtem Weg um die Stadt. Wenn in Kriegszeiten die Gegend vor den Toren der Stadtmauer unsicher war, begleiteten noch 2000 bewaffnete Bürger in vollem Harnisch die Prozession. Das allerheiligste Sakrament trug der Weihbischof, der unter brokatenem Himmel gesäumt von den Ratsherren einherschritt. Gegen Mittag war die Prozession am Ehrentore angelangt, wo eine Pause eingelegt und die mitgebrachten Speisen verzehrt wurden. War die Prozession wieder am Dom angelangt, so wartete auf die hohen Ehrengäste und die Vornehmen der Stadt ein Festessen im Rathaus, und der Rat zeigte sich nicht knauserig und ließ einiges an köstlichen Speisen auffahren. Für das einfache Volk war der Jahrmarkt da. Hier fand die Festtagsfreude durch Spiel und Spaß weiter ihren Ausdruck.

Auch wenn die Menschen damals ganz fest an Gott glaubten und für sie das kirchliche Leben selbstverständlich war, darf man nicht glauben, daß es damals nur gute Menschen gegeben hat. Viele handelten rücksichtslos und machten sich schwerer Vergehen schuldig. Doch ob Bettler oder König, alle fürchteten die Rache Gottes beim Jüngsten Gericht, an dem die Seligen ins Paradies einzogen und die Sünder auf die Höllenqualen warteten. Vor der Hölle hatten alle Angst. Doch die Kirche gab den Menschen die Möglichkeit, ihre Vergehen oder Sünden zu bü-

99 Die Seligen ziehen ins Paradies ein. Ausschnitt aus Stephan Lochners Weltgericht, nach 1435

100 Die Höllenqualen der Sünder. Ausschnitt aus Stephan Lochners Weltgericht

ßen, wenn sie eine bestimmte Anzahl von Fastentagen, Almosen, Gebeten oder Meßfeiern leisteten. So wird von einer Schwester aus St. Maria im Kapitol erzählt, sie habe zur Sühne für ein Vergehen freiwillig elf Jahre hintereinander täglich dreimal den Psalter (das ist eine Sammlung religiöser Lieder aus dem Alten Testament) durchgebetet, einmal zu Boden gestreckt, einmal knieend, einmal stehend. Jeden Tag waren das 450 Lieder. Vielleicht war die Nonne eine Ausnahme, aber manch einer nahm doch sehr viel auf sich, um seine Sünden zu büßen.
Eine andere Möglichkeit, einen Ablaß von seinen Sünden zu bekommen, bestand darin, an einer Wallfahrt teilzunehmen. Man pilgerte zu Fuß oder bequemer zu Pferd, zu einem bestimmten Ort, der durch besondere Geschehnisse ausgezeichnet oder an dem Märtyrer oder Heilige begraben waren. Neben anderen berühmten Wallfahrtsorten galt auch Köln als ein Pilgerzentrum, seit die Gebeine der Hl. Drei Könige im Dom aufbewahrt wurden.
Eine bedeutende Wallfahrt aus Südosteuropa, die zur Verehrung der Hl. Drei Könige, berührte alle sieben Jahre Köln. Das Ziel der »Un-

101 Dreikönigenschrein

garn« war Aachen, und auf dem Weg dorthin machten sie in Köln einige Zeit Station. Hier wurden die Pilger gastfreundlich aufgenommen. Sie wohnten im Hospital Ipperwald und erhielten unentgeltlich Unterkunft und Verpflegung. Die Zahl der Pilger war so groß, daß die Stadt alles gut organisieren mußte, damit Ruhe und Ordnung gewahrt blieben. Ein Teil der Bürger wurde bewaffnet, ein besonderes Feuermeldesystem wurde angeordnet, und etliche Straßen und Tore zur Vorbeugung gesperrt. Wenn dann die Reliquien dem Volk auf dem Domhof gezeigt und erklärt wurden, erfüllte sich für sie ein unstillbares Verlangen, denn alle wollten die heilende und heiligende Wirkung der Reliquien empfangen. Dadurch, daß man den Reliquienschrein berührte, küßte und bestrich oder unter ihm hindurchkroch und sich vor ihm niederwarf, erhoffte man sich himmlische Kraft und Vergebung der Sünden.
Die zahlreichen Pilger, die Köln wegen der vielen Heiligen besuchten, waren auch den Händlern, Handwerkern, Kaufleuten und Wirten recht. Sie verdienten alle an ihnen. Denn damals wie heute muß man übernachten und essen und trinken. Einen Einkaufsbummel, bei dem so manches gekauft wird, konnte man auch schon im Mittelalter machen.

Das Heilige Köln

Köln hat so viele Kirchen und Klöster, wie das Jahr Tage hat. So stand es vor über 200 Jahren in einem Reisebuch. Nun glaubt man ja jetzt sicher, der Schreiber des Buches hätte stark übertrieben, denn 365 Kirchen und Klöster ist ja eine gewaltige Anzahl. Tatsächlich aber hatte Köln im Mittelalter bis zu 319 kirchliche Gemeinschaften und Einrichtungen. Dazu zählten Kirchen, Klöster, Stifte, Pfarreien, Konvente, Hospitäler und Kapellen. Natürlich haben nicht alle das gesamte Mittelalter hindurch bestanden, denn die Anzahl wechselt ein wenig im Laufe der Jahrhunderte.
Köln wurde über viele hundert Jahre als heilig bezeichnet. Das stand nach der Auffassung der Menschen damals nur vier Städten zu: Rom, Jerusalem, Konstantinopel und eben Köln. Köln stand fast einmalig da, denn die Stadt war voll von Reliquien. Reliquien sind Überreste von Heiligen, also Knochen. Aber auch Kleidung und Gebrauchsgegenstände, die den Heiligen gehörten, zählen dazu. Die Menschen glaubten damals, daß die Heiligen noch in den Überresten gegenwärtig sind und Wunder bewirken können. Die Reliquien bewahrte man in kostba-

102 Kölner Denar S/Coloni/A, Silber, 10. Jahrhundert

ren Schreinen und Behältern auf und stellte sie in großartige Kirchen. Einzelne Erzbischöfe, zum Beispiel Bruno und Anno, waren besonders eifrige Reliquiensammler.
Die große Zahl der in Köln versammelten Heiligen brachte der Stadt den Ehrentitel »Heiliges Köln« ein. Durch eine damals ganz besonders wirksame Werbung wurde das Heilige Köln auch in weit entfernt liegenden Ländern bekannt und berühmt. In Köln wurden Münzen geschlagen, die die Aufschrift S (an) C (t) A COLONIA trugen. Durch die Kaufleute wanderten diese Münzen zu Tausenden und Abertausenden in viele Länder und Städte. Selbst in Rußland, Ungarn und Schweden kannte man durch diese Münzen das Heilige Köln.

Die Bedeutung der kirchlichen Gemeinschaften für die Stadt

Im Heiligen Köln waren die Bedingungen für die kirchlichen Gemeinschaften sehr gut, und sie spielten auch in den verschiedensten Bereichen eine große Rolle.
Die Kirchen und Kirchturmspitzen bestimmten das Bild der Stadt. Sie waren so viel höher als die Bürgerhäuser und städtischen Gebäude, daß sie die Stadt überragten und fast in den Himmel wuchsen. Dieses be-

sonders schöne Stadtbild wurde ja auch von vielen Meistern in großen Stadtansichten dargestellt. Die bekannteste Stadtansicht hat im Jahre 1531 der Künstler Anton Woensam geschaffen. Auf dreieinhalb Metern Länge zeigt er vor allem das Heilige Köln mit den zahllosen Kirchen, die alle mit Namen gekennzeichnet sind.
Die Stifte und Klöster waren zum größten Teil nach von Häusern, Hofstätten und Weinfeldern umgeben, die ein beträchtliches Gebiet ausmachten. Es kam so weit, daß der Kirche unzählige Häuser und Grundstücke innerhalb der Stadt gehörten. Viele Bürger wollten vor ihrem Tode noch ihr Gewissen beruhigen. Sie waren in ihrem Leben vielleicht nicht allzu fromm und brüderlich gewesen, und nun glaubten sie durch Schenkungen an die Kirche ihr Gewissen beruhigen zu müssen, um nach dem Tode einen Platz im Himmel zu bekommen. Sie wollten Gutes tun, denn die Kirchen versorgten die Armen in der Stadt. Sie gaben ihnen Kleidung, Essen und kleinere Geldbeträge. Sie unterhielten die Hospitäler, in denen Pilger beherbergt und Kranke versorgt wurden. Dazu brauchten sie natürlich Geld, das sie auch durch die Vermietung der Häuser erhielten. Viele Bürger vermachten der Kirche also ihr Haus oder Grundstück. Schließlich gehörte ihr bald die Hälfte der Grundstücke in der Stadt. Das wollte aber der Rat nicht weiter zulassen. Er forderte, daß die Kirche ihren Grundbesitz nicht weiter vermehren durfte. Oft war das ohne Erfolg, denn selbst Ratsherren, die das mitbeschlossen hatten, hielten sich nicht daran und machten der Kirche Schenkungen, die anschließend von der Kirche verkauft werden mußten.
Für die vielen Kirchen, Kapellen, Stifte und Klöster mußten auch Geistliche da sein, die die kirchlichen Aufgaben wahrnahmen. Von den 40 000 Menschen, die damals in Köln lebten, gehörte jeder 15. Bewohner dem geistlichen Stande an. Zwischen den Geistlichen und den Kölner Bürgern bestanden vielfältige Beziehungen. Patrizier- und Bürgersöhne wurden Geistliche und erhielten Ämter, womit bestimmte Einnahmen verbunden waren.
Die Geistlichen hatten eine Sonderstellung gegenüber den Kölner Bürgern. Für sie galt das Recht der Kirche. Sie unterstanden nicht der weltlichen Gewalt. Sie brauchten keinen Wachdienst an der Stadtmauer zu leisten, keine Abgaben an die Stadt zu bezahlen und waren von jeglichen Steuern befreit. Hinter den Mauern der Klöster und Stifte galt ein anderes Recht, und wer sich dort befand, war unangreifbar für die städtische Gewalt, war immun. Oft haben Verfolgte hinter diesen Mauern Zuflucht gesucht und sich so für kurze Zeit der städtischen Gerichtsbarkeit entzogen.

Von besonderer Bedeutung für die Geistlichen, die Klöster, Stifte und auch Pfarrkirchen waren die wirtschaftlichen Vorteile, die mit der Immunität zusammenhingen. Sie brauchten ja keine Steuern zu bezahlen, und das führte dazu, daß sich hinter den Mauern eigene Wirtschaftsunternehmen herausbildeten. Den Stiften und Klöstern gehörte teils innerhalb, teils außerhalb der Stadt beträchtliches Land, auf dem Getreide und Wein angebaut wurde oder das auch sonstige Erzeugnisse, zum Beispiel Holz, lieferte. Zum Teil verbrauchten sie diese Erzeugnisse selbst, denn es waren ja viele Menschen zu versorgen, die neben den Geistlichen in den Klöstern und Stiften arbeiteten oder als Schüler und angehende Geistliche dort wohnten. Es blieb jedoch oft so viel übrig, daß es auf dem Kölner Markt verkauft werden konnte, und das brachte beträchtlichen Gewinn, weil ja die Steuern entfielen. Der Gewinn wurde zwar wieder für die Versorgung der Angehörigen und der Armen verbraucht, aber oft konnte er auch zur Verschönerung der Kirchen benutzt werden. Das nutzte wieder den Kölner Handwerkern. Vor allem die Bauhandwerker lebten von den Aufträgen der Kirche. Es wurde nicht gespart, wenn es um das Gotteshaus ging. Auch für die Innenausstattung brauchte man Geld. Zur Ehre Gottes, aber auch um das eigene Prunkbedürfnis zu befriedigen, wollte man reiche Altäre, kunstvolle Bilder, bunte Glasfenster und goldenes und silbernes Gerät für die heilige Messe. Die Künstler und Kunsthandwerker fanden dabei ein gutes Auskommen.
Die besonderen Vergünstigungen der Geistlichkeit gaben immer wieder Anlaß zu Streitigkeiten mit den Kölner Bürgern und dem Rat der Stadt. Es kam weniger Steuergeld in die Stadtkasse, und es vermittelte ein falsches Bild von den Preisen, vor allem beim Weinausschank und den Bäckern. Klöster und Stifte richteten innerhalb ihrer Mauern eigene Weinschänken und Bäckereien ein. Hier konnten die Kölner billiger Brot einkaufen und Wein trinken, als es sonst in der Stadt üblich war.
Die Kölner profitierten von den Geistlichen, den Stiftsdamen und Stiftsherren, weil viele nicht auf einen guten Lebenstil verzichten wollten. Bei den Händlern mit besonders feinen Lebensmitteln waren auch sie gute Kunden. Sie kauften vom Feinsten: Fisch, Fleisch, ausländische Gewürze und Spezialitäten. Das waren sie durch ihre vornehme Herkunft gewöhnt, und sie wollten es sich auch hinter den Mauern der Stifte und Klöster wohlergehen lassen.

Die Klöster

Im Mittelalter wollten mehr Menschen als heute ganz nach Gottes Willen leben. Sie zogen sich aus dem geschäftigen Leben zurück, um an stillen Orten nur zu beten und Buße zu tun. Das waren die Mönche und Nonnen, die als Eremiten ein einsames Büßerleben führten.
In Italien lebte aber ein Mönch, dem das einsame Leben nicht gefiel. Er sah keinen besonderen Sinn für die Menschen darin. Er hieß Benedikt, der Gesegnete. Er sagte sich, ich muß nicht nur selbst gut sein, sondern ich muß auch Gutes tun. Sein Wahlspruch lautete: Bete und arbeite. Er sammelte Mönche um sich, die genau so dachten wie er selbst, und gründete eine Vereinigung, die nach diesem Wahlspruch leben wollte. Eine solche Vereinigung nennt man Orden. Die Wohnstätten der Orden waren die Klöster. Wer als Mönch in diesen Orden des Hl. Benedikts eintreten wollte, mußte drei Dinge geloben: Ich will selbst nichts besitzen, ich will niemals heiraten, und ich will dem Obersten des Klosters, dem Abt, immer gehorchen.
Im Kloster beteten die Mönche mehrmals am Tage bei der Hl. Messe. Aber sie wollten ja auch Gutes tun, und dazu mußten sie auch etwas können und wissen. Deshalb studierten sie eifrig die alten griechischen und römischen Überlieferungen. Sie schrieben alte Bücher über die Naturkunde und den Ackerbau ab, um sie zu verbreiten. Sie betätigten sich in der Wissenschaft, der Kunst, in der Schule und im Handwerk. Sie beherbergten in ihren Klostermauern Reisende und unterrichteten die Kinder, damit sie lesen und schreiben lernten, um später vielleicht auch Mönch oder Geistlicher werden zu können. Ein solches Kloster war ein Zentrum für die Gesittung und Bildung der Menschen.
Mit der Zeit wuchs die Zahl der Mönche. Auch der Besitz der Klöster mehrte sich, und so bekamen sie eine angesehene Stellung innerhalb der Kirche und im weltlichen Bereich. Das zeigte sich auch nach außen, denn es entstanden großartige Klosteranlagen und Kirchen.
Auch in Köln entstanden zwei Benediktinerklöster: St. Pantaleon und Groß St. Martin. Beide großen Kirchenbauten sind bis heute erhalten.

St. Pantaleon

Bevor St. Pantaleon ein Benediktinerkloster wurde, stand an der gleichen Stelle eine halbzerfallene Kirche. In dieser Kirche ließ der Erzbischof Bruno die Reliquien des Hl. Pantaleon beisetzen. Pantaleon war ein griechischer Arzt, der wegen seines christlichen Glaubens um das Jahr 300 ermordet worden war. Nun gefiel es Bruno nicht, daß die kostbaren Reliquien in einer baufälligen Kirche aufbewahrt wurden, und er plante einen Neubau. Er entschloß sich, hier ein Kloster zu gründen, denn der Ort lag damals weit genug entfernt von der unruhigen und lärmenden Stadt. Als Bruno starb, vermachte er dem Kloster etliches Geld, wovon der Klosterbau vollendet und die Kirche gebaut werden sollte. In der Kirche wurde er auch begraben. Viel zu verdanken hat das Kloster St. Pantaleon der Kaiserin Theophanu, der Gemahlin Kaiser Ottos III. Sie stammte aus Konstantinopel (heute Istanbul in der Türkei). Sie beschenkte das Kloster reichlich, und als sie im Jahre 991 starb, wurde sie in dieser Kirche begraben.

Die Mönche von St. Pantaleon entfalteten eine reiche künstlerische Tätigkeit, und sie besaßen eine ansehnliche Bibliothek.

Etwa 200 Jahre nach der Gründung des Klosters verlor es etwas von seiner Bedeutung, und auch das Geld wurde knapp. Immerhin mußten ja ungefähr 40 Mönche und auch Gärtner, Bäcker, Köche, Baumeister usw. versorgt werden, und für die große Klosterfamilie stand nur ein

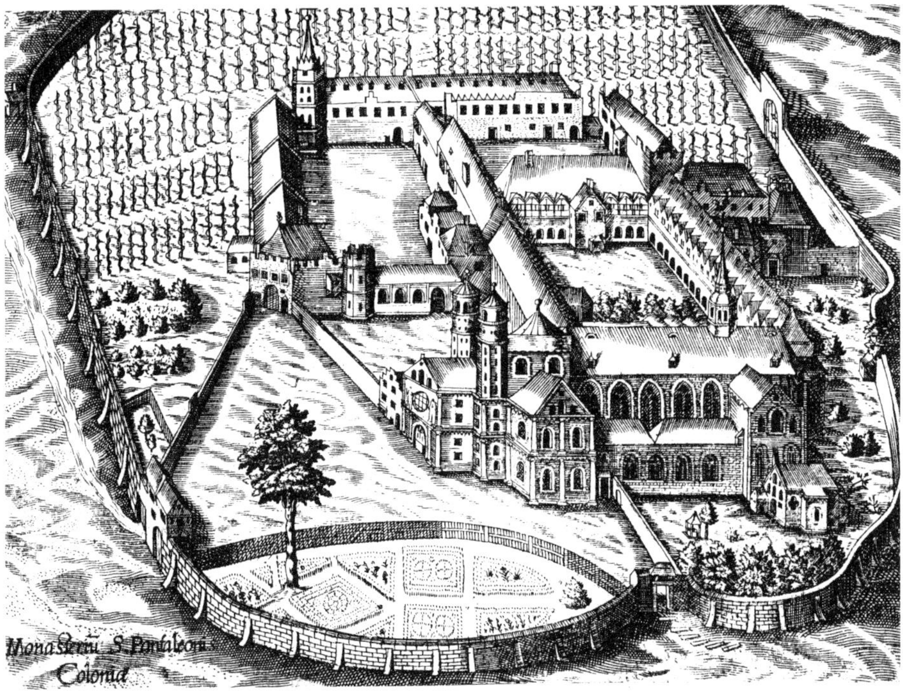

103 Ansicht von St. Pantaleon um 1630. Die Klosteranlage ist mit der Immunitätsmauer umgeben

kleines Einkommen zur Verfügung. Trotzdem lebten die Mönche nicht schlecht. Sie kamen ja auch aus adeligen und patrizischen Familien und wollten ein entsprechendes Leben führen. Wer in das Kloster eintreten wollte, mußte ehrbar gekleidet sein. Der junge Mann mußte zwei pelzgefütterte Mäntel haben, zwei Kutten (Mönchsgewand), zwei Paar Schuhe und zwei Paar lederne Beinkleider. Er mußte ein Holzbett und ein Federbett (damit meinte man eine Matratze) mitbringen, zwei Paar Leintücher, zwei Decken, eine aus Schafsfell und eine aus Wolle, und zwei Kissen; er mußte dem Abt ein Tischtuch von 14 Ellen und zwei Handtücher – ein besonders feines und ein gewöhnliches und zwei Schüsseln geben, für den Speisesaal der Brüder ein Tischtuch von 15 Ellen. Ebenfalls für andere Personen ein Handtuch. Das alles zusammen kostete damals eine Menge Geld.
Der Bezirk des Klosters war rundherum mit einer Mauer umgeben. Die städtischen Aufsichtsbeamten hatten hier nichts zu sagen und keinerlei Rechte. Wer sich innerhalb dieser Mauern befand, war unangreifbar, war immun. Deshalb heißen diese Mauern Immunitätsmauern. Bei St. Pantaleon haben sich diese Mauern zum Teil bis auf den heutigen Tag erhalten. Von den alten Klosteranlagen ist zwar nicht viel übriggeblieben, aber bei St. Pantaleon bekommt man heute noch eine Ahnung von der Stille und Abgeschiedenheit einer Klosteranlage.
Wer noch mehr über St. Pantaleon, vor allem über das Innere der Kirche erfahren will, der muß einmal selbst dorthin gehen und eines der vielen Bücher studieren, die darüber geschrieben wurden.

Groß St. Martin

Die Kirche Groß St. Martin steht auf einem Platz, dessen Vorgeschichte bis zu den Römern zurückreicht. Das Gebiet um Groß St. Martin war zur Römerzeit eine Insel. Diese Insel hatte eine Länge von 1000 Metern und eine Breite von 180 Metern. Hier bauten die römischen Baumeister im 1. Jahrhundert nach Christus eine Sportanlage, die mit einer Mauer umgeben war. Auch ein großes Schwimmbecken gehörte dazu. Ungefähr 50 Jahre später bauten die Römer auf diesem Sportgelände große Lagerhallen. Nachdem das Reich der Römer zerfallen war und die Franken Köln erobert hatten, wurden diese Lagerhallen anders benutzt. Sie wurden zu einer Kirche umgebaut, die längere Zeit benutzt wurde. So war es ja auch bei anderen Gebäuden, die die Römer errichtet hatten. Die Franken waren nicht so gute Baumei-

ster, und so übernahmen sie manche Gebäude und benutzten sie für andere Zwecke.
Im 10. Jahrhundert war aber doch ein Neubau fällig, bei dem man aber die Seitenwände der alten römischen Lagerhalle weiterverwendete. Über die Baugeschichte der Kirche kann man heute noch viel in der Krypta (Unterkirche) erfahren, denn viele steinerne Reste, die bis in die Römerzeit zurückgehen, sind dort noch heute zu sehen.
Die Kirche gehörte zu einem Stift, das der Erzbischof Bruno hier erneuert hatte. Einer seiner Nachfolger hat dieses Stift dann in ein Benediktinerkloster umgewandelt Die Mönche, die von weither, aus Irland und Schottland kamen, sollten hier nach dem Wahlspruch Benedikts, beten und arbeiten, leben und wirken.
Im 10. Jahrhundert änderte sich auch die Umgebung der Martinskirche. Sie stand jetzt nicht mehr auf einer Insel, weil der versumpfte Rheinarm mittlerweile zugeschüttet worden war. Als Erzbischof Anno Stadtherr von Köln war, ließ er an den Chor der Kirche zwei Türme anbauen. Anno war ein leidenschaftlicher Bauherr, und als ihm einmal im Traum der heilige Eliphius erschien, dessen Reliquien in Groß St. Martin lagen, versprach er, die zwei Türme bauen zu lassen. So steht es jedenfalls in einer Lebensbeschreibung Annos. Im Jahre 1150 wütete ein großer Brand rund um die Martinskirche in der Rheinvorstadt. Man vermutet, daß dieser Brand ein willkommener Anlaß war, eine ganz neue Kirche zu bauen. Die Bauzeit erstreckte sich über ein Jahrhundert, von 1150–1250. Gleichzeitig wurden auch die Klostergebäude für die Mönche neu errichtet.
Wieviel Mönche jeweils in den Klostergebäuden lebten, ist schwer festzustellen, aber man schätzt die Zahl auf ungefähr 20–30. Den Heiligen, dem diese Kirche geweiht ist, kennen alle Kinder in Köln. Denn jedes Jahr, am 11. November, ziehen sie mit ihren bunten Fackeln hinter dem St. Martin her, der hoch zu Pferde reitet. Dazu gibt es Weckmänner und manchmal ein Martinsfeuer. Diese Bräuche sollen an den Heiligen erinnern, der von 316–397 erst als römischer Krieger und später als Bischof von Tours gelebt hat und einem Bettler seinen halben Mantel schenkte. Nun war ein römischer Soldatenmantel damals anders als ein heutiger Mantel. Man kann ihn sich als große Decke vorstellen, in die man sich einwickelte. Eine halbe Decke schützte also immer noch recht gut vor Kälte und Frost. Der heilige Martin war schon bald nach seinem Tode ein beliebter Heiliger der Franken, und es wurden ihm viele Kirchen geweiht.
Nach den Regeln des Heiligen Benedikts entstanden in Köln auch Frauenklöster. Die Nonnen haben sich große Verdienste erworben,

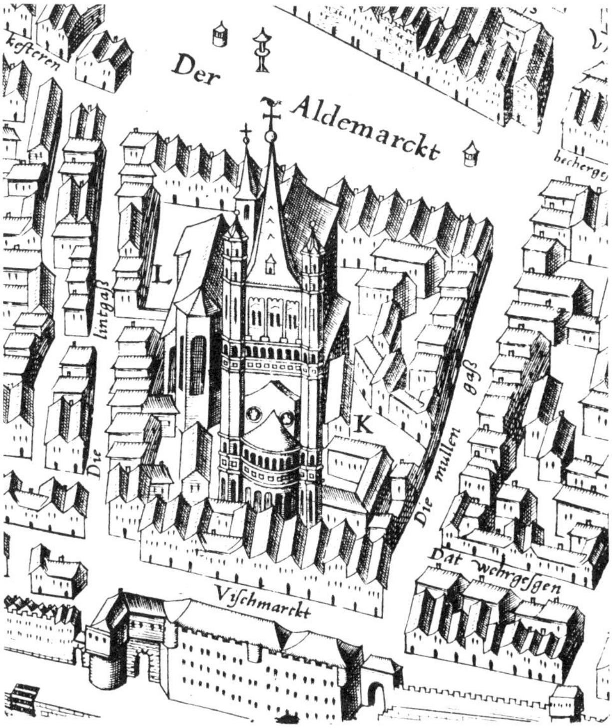

104 Groß St. Martin

denn sie arbeiteten in der Kunst und in der Wissenschaft. Sie kümmerten sich um die Erziehung und Bildung der Mädchen, schrieben gelehrte Werke ab und fertigten kunstvolle Stickereien und Malereien an. Die Kirche eines ehemaligen Benediktinerinnenklosters, das später in ein Stift umgewandelt wurde, steht bis heute: St. Maria im Kapitol.

Andere Orden, Beginenkonvente und Hospitäler

Im Laufe der Jahrzehnte und Jahrhunderte beachtete man jedoch die Regeln des heiligen Benedikts nicht mehr so streng. Die Zeiten änderten sich, und es entwickelten sich neue Formen des Lebens in einem Kloster. Manchmal führten sie von dem frommen Leben weg, und es wurde wichtiger, daß es den Nonnen und Mönchen gut ging, daß sie sich wohl fühlten und gut versorgt waren. Mönche und Nonnen lebten dann zwar noch im Kloster, aber das Klosterleben unterschied sich nicht mehr so auffallend von dem Leben, das die anderen Menschen in der Stadt führten. Deshalb erneuerte man die Klosterregeln. Aber auch andere Orden entstanden, die von den Mönchen und Nonnen ein streng enthaltsames Leben in Armut und Arbeit verlangten. Vom sehr frühen bis zum späten Mittelalter bestanden in Köln 20 Männerklöster und 42 Frauenklöster.

Beginenkonvente

In Köln gab es eine unglaubliche Zahl von Beginenkonventen. Das waren Gemeinschaften von jungen Frauen und Witwen, die gemeinsam ein religiöses Leben führen wollten. Sie verpflichteten sich zu Armut und Gehorsam und wollten nie heiraten oder mit einem Mann zusammensein. Die Beginen trugen ein besonderes Gewand und lebten in Häusern, die ähnlich wie Klöster waren. Die Beginen arbeiteten, pflegten die Kranken und kümmerten sich um die Bestattung der Toten. Es wollten so viele Frauen ein religiöses Leben führen, das mit der Zeit 106 Beginenkonvente entstanden.

Die Hospitäler

Groß war auch die Zahl der Hospitäler. Heute denkt man dabei an Krankenhäuser, aber im Mittelalter hatten die Hospitäler an erster Stelle andere Aufgaben. Sie sollten die vielen Fremden und Pilger beherbergen und sich um die Armen der Stadt kümmern. Erst danach kam die Sorge für die Kranken, wenn sie niemand anders versorgen und pflegen konnte. Weil die Hospitäler als fromme Stiftung, oft eine eigene Kapelle besaßen, gelten sie auch als kirchliche Einrichtung.

Die Kapellen

Die Kapelle hat ihren Namen von einem kleinen Raum, in dem in fränkischer Zeit der Mantel des heiligen Martin aufbewahrt wurde. Dieser deckenähnliche Mantel wurde cappa genannt. Die kleinen Gotteshäuser befanden sich oft in Kirchen, Klöstern und Stiften, aber auch reiche Leute ließen sich eine Kapelle in ihrem Haus einrichten. Am Stift St. Severin bestanden sogar neun Kapellen. In der gesamten Stadt wurden 27 Kapellen gezählt.

Die Pfarrkirchen

Das kirchliche Leben spielte sich für die Menschen in der Stadt in den Pfarrkirchen ab. Die Pfarrei ist ein vom Bischof genau festgelegter Bezirk, den der Pfarrer verwaltet. Zu der Pfarre gehörten also die Menschen, die in diesem Bezirk lebten, aber auch die Stifte und Klöster, die sich dort befanden. In der Pfarrkirche durfte nur der Pfarrer die Messe lesen, die Sakramente spenden und die Toten begraben. Oft waren die Pfarrer auch Stiftsherren oder Mönche eines Klosters. Auch die Kinder durften nur hier getauft werden, und deshalb standen auch nur in den Pfarrkirchen die Taufsteine. Oft standen die Pfarrkirchen ganz in der Nähe der großen Stifts- oder Klosterkirchen. Ein schönes Beispiel dafür gibt es heute noch mitten in der Stadt, in der Nähe des Neumarkts zu sehen. Hier stehen die Kirche St. Peter und die ehemalige Damenstiftskirche St. Cäcilien, in der heute das Schnütgen-Museum seine Schätze der kirchlichen Kunst ausstellt, dicht beieinander.
Im Jahre 1802 wurden alle Klöster und Stifte in Köln aufgelöst, auch das Stift St. Cäcilien. Im gesamten Stadtgebiet wurden die Pfarrkirchen, die meist weniger aufwendig gebaut und teilweise auch schon baufällig waren, abgerissen. Die prächtigen Stifts- und Klosterkirchen

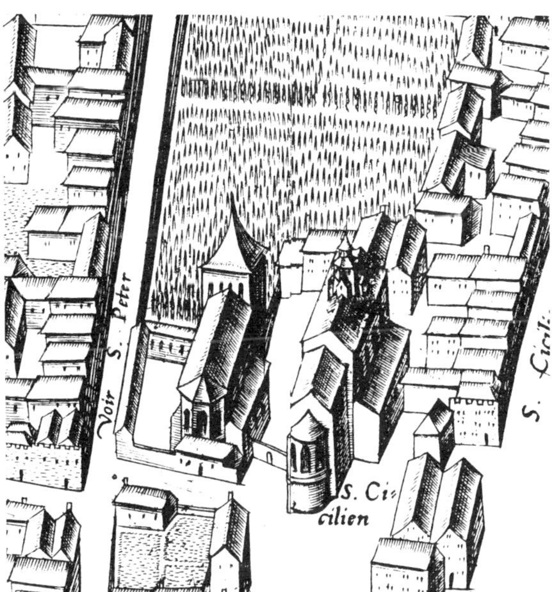

105 St. Peter und St. Cäcilien

blieben erhalten und wurden zu Pfarrkirchen umgewandelt. Nur bei St. Peter und St. Cäcilien war es anders. Die Klostergebäude wurden in ein städtisches Krankenhaus, das Bürgerhospital, umgewandelt. Die Kirche wurde zur Krankenhauskirche und nicht zur Pfarrkirche. Aus diesem Grunde blieb auch St. Peter als Pfarrkirche erhalten.
Keine andere deutsche Stadt besaß so viele Pfarrkirchen wie Köln. Manche Pfarren benutzten einen Teil einer Stiftskirche für ihre Gottesdienste. Von den 19 Bauten sind bis heute nur wenige geblieben: St. Kunibert, St. Aposteln, St. Maria Lyskirchen, St. Peter, die Reste von St. Kolumba, die Ruine von St. Alban und der Glockenturm der Kirche Klein St. Martin am Heumarkt.

Die Stifte

Früher glaubten die Menschen viel stärker an Gott. Der einzige, unsichtbare Gott hatte die Welt erschaffen und erlöste durch seine Gnade die Menschen. Das brachte es mit sich, daß Männer und Frauen sich in religiösen Gemeinschaften, den Stiften, zusammenfanden. Hier wollten sie ein christliches Leben mit Gebeten, Gottesdiensten und Gesängen führen. Die Stiftsherren und -damen legten im Gegensatz zu den Mönchen und Nonnen im Kloster jedoch kein feierliches Versprechen, kein Gelübde des Gehorsams oder der Armut ab. Sie trugen auch keine Mönchskleidung, durften ihr Eigentum und ihr Geld behalten und konnten das Stift auch wieder verlassen, wenn sie zum Beispiel heiraten wollten und nicht zum Diakon oder Priester geweiht worden waren. In den früheren Zeit beteten sie nicht nur gemeinsam, sondern sie nahmen auch gemeinsam die Mahlzeiten ein und schliefen alle zusammen im Schlafsaal, dem Dormitorium des Stiftes.
Die Stifte waren reich. Die Stiftsgründer, der König, der Erzbischof, ein weltlicher Fürst, reiche Bürger und die Stiftsdamen und -herren, schenkten den Stiften viel Land, Bauernhöfe, Weinberge, Häuser und Grundstücke. Dadurch hatten sie manchmal mehr, manchmal weniger hohe Einnahmen, die an die Stiftsdamen und -herren ausbezahlt wurden. Mit der Zeit wollten die Kanoniker, so nannten sich die Stiftsherren, und die Kanonissinnen ein freieres Leben führen. Sie stammten meist aus adeligen Familien, und auch die reichen Bürger, die Patrizier, sahen es gerne, wenn ihre Söhne und Töchter im Stift unterkamen. Sie wollten jedoch auf die Annehmlichkeiten des Lebens nicht verzichten und lebten deshalb in späterer Zeit in eigenen Häuschen, die nahe beim

Stift lagen. Oft waren sie aber auch gar nicht in Köln. Nachdem sie ein oder zwei Jahre im Stift gewohnt hatten, konnten sie sich beurlauben lassen. Dann gingen sie zum Studium nach Paris oder verwalteten die Höfe, die den Stiften gehörten und weiter entfernt lagen. Das freiere Leben hatte es auch mit sich gebracht, daß viele Kanoniker darauf verzichteten, Priester zu werden.
In der Stadt Köln gab es während des Mittelalters insgesamt elf Stifte. Davon waren acht nur für Männer und drei für die Frauen. Heute stehen von den Stiften nur noch die großartigen Stiftskirchen. Von den Männerstiften blieben sechs erhalten: St. Gereon, St. Georg, St. Severin, St. Aposteln, St. Andreas und St. Kunibert. Von den Frauenstiften: St. Ursula, St. Maria im Kapitol und St. Cäcilien.

St. Ursula

Früher wurde die Ursulakirche als Kirche der Heiligen Jungfrauen bezeichnet. Erst in späterer Zeit bekam sie nach der Anführerin der Jungfrauen, der heiligen Ursula, den Namen Ursulakirche. Dort, wo heute

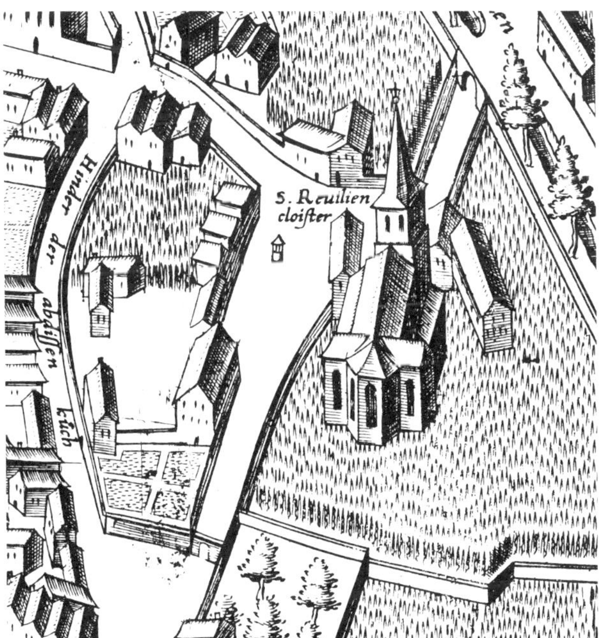

106 St. Ursula

die Ursulakirche steht, befand sich zur Zeit der Römer ein großes Gräberfeld, denn die Römer beerdigten die Toten auf Friedhöfen, die außerhalb der Stadt lagen. Nun bildete sich in der späten Zeit der römischen Herrschaft ein besonderer Kult heraus. Man verehrte Menschen, die wegen ihres christlichen Glaubens ermordet worden waren. Sie werden Märtyrer genannt. Nicht nur die Familie, sondern die ganze Gemeinde traf sich an den Gräbern der Märtyrer, um sie zu verehren. Über den Gräbern entstanden Kirchen, in denen die Verehrung stattfand und der Gottesdienst gefeiert wurde. So war es auch bei St. Ursula. Die erste Kirche ist wahrscheinlich im Jahre 355 bei der Eroberung Kölns durch die Franken zerstört worden. Nun stand die halbzerfallene Kirche auf dem römischen Friedhof, und es fand sich zunächst niemand, der sie wieder aufbauen wollte. Um die Jahre 400–420 änderte sich das. Zu dieser Zeit lebte im Osten des riesigen römischen Weltreiches, vermutlich in Kleinasien, ein vornehmer Senator mit Namen Clematius. Er ließ die Kirche der heiligen Märtyrerinnen mit seinem eigenen Geld wieder aufbauen. Warum er es tat und welche Bedingungen er damit verband, können wir heute noch, nach mehr als 1500 Jahren später, in der Ursulakirche erfahren. Hier befindet sich eine Urkunde aus Stein, die im Chor der Kirche eingemauert ist. Auf ihr steht in lateinischer Sprache, daß Clematius die heiligen Jungfrauen erschienen sind. Sie bedrängten ihn mit Flammen so lange, bis er gelobte, die Kirche auf eigene Kosten zu erneuern. Clematius kam wohl wirklich von weither nach Köln und ließ die Kirche auf eigene Kosten wieder

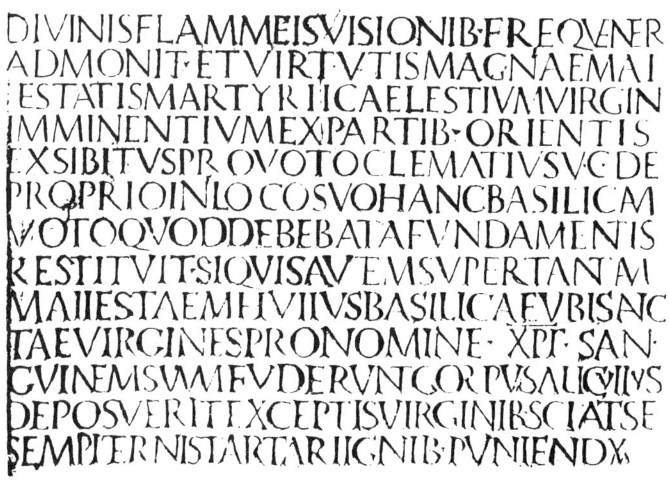

107 Clematius-Inschrift in St. Ursula

aufbauen. Er bestimmte weiter in der Urkunde, daß in dieser Kirche außer den heiligen Jungfrauen niemand beerdigt werden darf. Er drohte demjenigen, der das nicht beachtet, ewiges Höllenfeuer an. Viele Christen wünschten sich nämlich damals, möglichst in der Nähe eines Heiligengrabes beerdigt zu werden, um bei der Auferstehung von ihnen mit in den Himmel genommen zu werden. Das eben verbot Clematius in seiner steinernen Urkunde.
Im Laufe von 400–500 Jahren vergaß man die Geschichte von den heiligen Jungfrauen, und auch die Kirche zerfiel. Danach fand man die Inschrift des Clematius wieder. Nun begann die Verehrung der Märtyrerinnen erneut, und die Legende der heiligen Jungfrauen wurde wieder erzählt und auch aufgeschrieben. Wahrscheinlich durch einen Fehler beim Lesen wurden dann aus 11 Jungfrauen und Märtyrerinnen 11 000 Märtyrerinnen. Die Legende der heiligen Ursula verbreitete sich damals rasch, und sie wird ja bis heute immer weitererzählt.

Die Legende von der heiligen Ursula und den 11 000 Jungfrauen

In Britannia lebten einst der König Dionetus und die Königin Daria. Ihr einziges Kind war ihre hübsche und kluge Tochter Ursula. Die Eltern verwöhnten Ursula und schenkten ihr Puppen und Spielzeug. Doch Ursula interessierte sich nicht dafür. Sie las lieber Bücher und

108 Die Boten überbringen die Brautwerbung. Aus dem kl. Ursula-Zyklus um 1450/60

Heiligenlegenden und war mehr an einem christlichen Leben interessiert. Bald war klar, daß sie mit anderen klugen, gebildeten und reichen Frauen in ein Kloster gehen wollte. Auch der König und die Königin waren mit diesen Plänen einverstanden. Nun hatte sich aber in der näheren und weiteren Umgebung herumgesprochen, daß Ursula eine interessante und hübsche junge Frau geworden war. Zudem sollte sie ja später auch ein ganzes Königreich erben. Von überall her, aus den Niederlanden, aus Dänemark und sogar aus Ungarn kamen Prinzen und edle junge Männer angereist, machten Ursula den Hof und wollten sie heiraten. Doch Ursula wies alle ab, weil sie ja ins Kloster gehen wollte.
Eines Tages erschienen im Königshause Gesandte des König Conanus aus England. Sie überbrachten eine Botschaft, in der stand: Ich, der König von England will, daß mein Sohn Ätherius die schöne Ursula heiratet. Wenn es nicht zu einer Hochzeit zwischen den beiden kommt, werde ich gegen Britannien Krieg führen. Diese Nachricht brachte das ganze Königshaus in Aufruhr. Verzweifelt überlegte man, was zu tun sei. Mal wütend, mal voller Sorge redeten alle durcheinander: »Was bildet sich dieser ungehobelte Heidenkönig eigentlich ein? Unsere Tochter ist viel zu schade für einen Königssohn, der noch nicht einmal getauft ist und die christliche Lehre nicht kennt. Aber wenn er nun wirklich Krieg gegen uns führt? Wenn er mit seinen Soldaten die Äcker verwüstet und die Menschen tötet?« Noch lange beratschlagte man, wie man sich verhalten sollte. Ursula wurde immer stiller, entfernte sich und ging zu Bett. In der Nacht hatte sie einen Traum, der zunächst alle Probleme lösen sollte. Ein Engel erschien ihr und gab ihr den Rat, unter drei Bedingungen dem Verlangen des Königs Conanus zuzustimmen. Erstens sollte Ätherius den christlichen Glauben annehmen und sich taufen lassen, zweitens sollte die Hochzeit erst in drei Jahren stattfinden, und drittens sollte Ursula während dieser Zeit eine weite Reise nach Rom machen.
Mit dieser Botschaft reisten die Gesandten zurück nach England und bald darauf erhielt man die Antwort. König Conanus und sein Sohn Ätherius waren einverstanden. Nun erzählte Ursula ihren zehn besten Freundinnen von den Plänen und machte ihnen den Vorschlag, mit nach Rom zu fahren. Sie wurden ganz aufgeregt vor lauter Begeisterung, denn das war ja etwas völlig Neues, und sicher würde man viele Abenteuer erleben. Jede Freundin und auch Ursula wollten noch 1000 interessante Frauen und Dienerinnen mitnehmen, so daß schließlich eine Reisegesellschaft von 11 000 Frauen beisammen war. Nun war im Königshaus viel zu tun, denn die Schiffsflotte mußte gebaut und alles andere organisiert werden. Ursula und ihre Freundinnen nahmen der-

109 Ursula reist mit ihren Begleiterinnen ab

weil Segel- und Ruderunterricht, denn sie mußten sich ja in der Schiffsführung auskennen. Sie machten Listen mit ihren Lieblingsspeisen, die sie mitnehmen wollten, und ließen sich neue Reisekleider schneidern. Alles dauerte seine Zeit, doch bald war der Tag der Abreise gekommen. Viel Volk versammelte sich am Ufer, um Glück für die Reise zu wünschen, und König Dionetus und Königin Daria wischten sich verstohlen die Tränen aus den Augen.
Nun war die Flotte bald auf hoher See, und Woche für Woche segelten sie umher und besuchten viele Städte und Länder, in denen sie festlich empfangen wurden.
Durch einen heftigen Sturm gerieten sie bei der Stadt Tiel in die Mündung des Rheins. Von hier aus trieb sie der heftige Wind immer weiter den Rhein hinauf, bis nach Köln. So eine schöne Stadt wie Köln hatten die 11 000 Frauen noch nie gesehen. Sie waren überrascht von den vielen Kirchen, und als ihnen vom Erzbischof, den vielen Geistlichen, Nonnen und Mönchen ein überwältigender Empfang bereitet wurde,

110 Ankunft in Köln

111 Ursula wird vom Papst vor den Toren Roms empfangen

wollten sie fast gar nicht mehr weiterreisen. Aber in der Nacht hatte Ursula wieder einen Traum, und ein Engel sagte zu ihr, sie solle nach Rom weiterreisen und den Papst besuchen. Gleichzeitig verkündete der Engel ihr aber auch, daß sie und ihre Freundinnen auf der Heimreise von Rom nach Britannien hier in Köln den Tod erleiden sollten.

Die große Gesellschaft setzte die Reise fort, immer rheinaufwärts in Richtung Basel. Auf dem Mittelrhein hatten sie alle Hände voll zu tun, um die Schiffe sicher durch alle Hindernisse hindurchzumanövrieren. An den Ufern winkten ihnen die Menschen fröhlich zu und wünschten ihnen eine gute Reise. In Basel mußten sie ihre Schiffe verlassen und zu Fuß über die Alpen in Richtung Rom wandern. Der Wind pfiff eisig, und der Weg auf den steinigen Pfaden und an schwindelnden Abgründen vorbei war beschwerlich und gefährlich. Doch in Italien schien die Sonne warm, die Menschen waren freundlich und sangen schöne Lieder. Auch das Essen schmeckte ihnen gut. Vor den Toren Roms kam ihnen eine jubelnde und fahnenschwenkende Prozession entgegen, und der Papst Cyriakus hatte es sich nicht nehmen lassen, höchstpersönlich an der Spitze zu schreiten, gefolgt von Kardinälen und Prälaten. In Rom ließen sich alle 11 000 Frauen taufen und das dauerte seine Zeit. Als die Zeit der Abreise gekommen war, wollten sich alle Frauen als Andenken auch noch etwas Schönes kaufen: kostbare Seidenstoffe für Kleider, schöne Ledersachen und fein gearbeiteter Schmuck und noch vieles mehr.

Am Tag der Abreise gab es noch eine schöne Überraschung. Der Papst hatte sich entschlossen, seinen Papstthron zu verlassen und mit den Frauen nach Britannien zu fahren. Durch die spannenden Erzählungen der Frauen hatte er auch Reisefieber bekommen, und außerdem wollte er sich nicht so gerne von den vielen hübschen jungen Frauen trennen. Also machte sich die vergrößerte Schar auf und zog guten Mutes den

Alpen und dem Rhein entgegen. Unterwegs schlossen sich noch viele Kardinäle und Bischöfe der Reisegesellschaft an.
Nun waren die drei Jahre fast vergangen und Ätherius wurde langsam ungeduldig. Er wartete sehnsüchtig auf Ursula und wollte sie endlich sehen und kennenlernen. Kurzentschlossen nahm er ein schnelles Schiff und fuhr den Rhein hinauf. In Köln berichtete man ihm, daß Ursula und die ganze Gesellschaft schon weiter südlich gesichtet worden war. Also machte sich Ätherius wieder auf und in Mainz traf er auf die große Flotte. Jetzt sahen sich Ätherius und Ursula zum erstenmal. Früher war es oft so, daß die Verlobten sich gar nicht kannten. Man tauschte höchstens ein kleines gemaltes Bildchen aus, aber dazu hatten sie ja damals keine Zeit gehabt. Ätherius erfüllte sein Versprechen, sich taufen zu lassen und der Papst Cyriacus persönlich übernahm diese Aufgabe im Dom zu Mainz. Anschließend trat die Gesellschaft schnellstens die Heimreise an. Sie ahnten noch nicht, daß sie der Katastrophe entgegenfuhren.
Schon seit längerer Zeit wurde die Stadt Köln von den feindlichen Heeren der Hunnen belagert. Vergeblich bemühten sie sich, die Mauern der Stadt zu stürmen, um plündernd, raubend und mordend reiche Beute zu machen. Als sich die große Flotte näherte, gab es ein großes Geschrei unter dem Hunnenvolk, denn endlich gab es eine Gelegenheit, Beute zu machen. Ein Regen von Pfeilen erreichte die Schiffe und schon sanken viele Frauen mit hellen Schreien zu Boden, den Pfeil im Herzen oder im Halse. Den Dolch schwingend bemächtigten sich die wilden Krieger der Schiffe und erdolchten, köpften und erschlugen alle Frauen und auch den Papst und die Geistlichen. Zuletzt lebten nur noch Ursula und Ätherius. Sie wurden zum Anführer der Hunnenhorde, der sich König Etzel nannte, geschleppt. Etzel war beeindruckt von der Schönheit Ursulas und versprach ihr und Ätherius das Leben, wenn Ursula ihn heiraten würde. Doch Ursula wies ihn empört zurück. Nie würde sie solch einen Heiden und Mörder heiraten, eher wolle sie sterben. Solch eine schimpfliche Zurückweisung war König Etzel nicht gewöhnt, und zornig gab er Anweisung, die beiden zu töten. Ätherius wurde mit dem Schwert geköpft und Ursula mit einem Pfeil erschossen. Nun waren alle tot. Doch ein junges Mädchen mit Namen Cordula hatte sich während des Gemetzels in einem Schiffsrumpf versteckt. Verängstigt kroch Cordula am nächsten Morgen aus ihrem Versteck. Ringsherum sah sie ihre toten Freundinnen. Nun wollte sie auch nicht länger am leben bleiben. Obwohl sie Angst hatte, stellte sie sich mitten auf das Deck des Schiffes, und bald wurde auch sie von Pfeilen durchbohrt und sank tot zu Boden.

112 Ursula und alle Mitreisenden werden in Köln getötet

Nachdem die Hunnenhorde abgezogen war, begruben die Kölner Bürger die Leichen der 11 000 Frauen und Geistlichen außerhalb der Stadt auf dem Ager Ursulanus.

Die Reliquien der heiligen Ursula und der 11 000 Jungfrauen

Im Jahre 1106 wurde die Stadt im Süden, Westen und Norden erweitert. Als man im Norden einen neuen Wall aushob, fand man auf dem Ager Ursulanus eine unglaublich große Anzahl von Skeletten, die man aufgrund der Legende natürlich alle für die Überreste der heiligen Jungfrauen hielt. Nun hatte man so viele Gebeine, die als Reliquien verehrt werden konnten, daß man sie in viele Länder und Städte weitergab, denn die Verehrung der heiligen Jungfrauen war damals sehr verbreitet. Damit die Reliquien auch eine schöne Verpackung bekamen, fertigten die Kölner Bildschnitzer die Ursulabüsten an. Die Knochen wurden in kostbare bestickte Stoffe eingewickelt und durch einen aufklappbaren Kopfdeckel in den Hohlraum der hölzernen Büstenköpfe gelegt. Durch eine kleine Öffnung in der Brust waren weitere Reliquien sichtbar. Diese Reliquienbüsten wurden von Kölner Kaufleuten in viele Länder und Städte gebracht und verbreiteten den Ruhm des »Heiligen Köln«. Immer wieder fand man auf dem Ager Ursulanus neue Knochen, und der Vorrat war unerschöpflich. Wünsche aus Paris, Spanien und Sizilien gingen in Köln ein. Aber auch in Schweden, England, Italien und Ungarn wollten die Menschen Reliquien der heiligen Jungfrauen besitzen.

Die alte Ursulakirche, die Clematius hatte bauen lassen, war mittlerweile etwas schäbig geworden, denn sie war nur ein wenig repariert und verändert worden, als hier ein Damenstift gegründet wurde. Deshalb beschloß man einen Neubau und führte ihn in den Jahren nach 1135 aus. Im Laufe der Jahrhunderte wurde daran viel verändert und umgebaut. Auch das Grabmal der heiligen Ursula sollte im 17. Jahrhundert besonders schön und modern werden. Ursula ist hier als weiße Marmorfigur aufgebahrt, zu ihren Füßen sitzt eine weiße Taube, die während einer Messe des Bischofs Kunibert zu einer bestimmten Stelle im Seitenschiff der Kirche geflogen sein soll. Dort verschwand die Taube spurlos. Dies sah man als ein Zeichen an und als der Bischof an dieser Stelle nachgraben ließ, fanden sich, so behauptet die Legende, die Gebeine der heiligen Ursula.

113 Reliquienbüste einer Gefährtin der hl. Ursula, 14. Jahrhundert

Eine besondere Sehenswürdigkeit der Kirche ist die »Goldene Kammer«. Im Jahre 1643 stifteten sie der Kaiserliche Rat Johann von Crane und seine Frau Verena der Kirche. Hier befinden sich Tausende von Skeletteilen, die an den oberen Wänden in schönen Mustern und in Schriftform angeordnet sind. Im unteren Bereich stehen, in alten Regalen hinter schimmerndem Glas geschützt, 116 Reliquienbüsten, die im Laufe der Jahrhunderte angefertigt wurden.

Die vielen Knochen können einen schon erschrecken. Aber die Gesichter der Ursulabüsten lächeln einen so freundlich an, daß man den Schrecken getrost vergessen kann. Auch der große goldene Schrein, in dem die Knochen des Ätherius ruhen, wurde hier aufgestellt.

Die Legende der heiligen Ursula und ihrer Gefährtinnen wurde im Mittelalter sehr oft auf Bildern dargestellt. Die meisten Menschen konnten ja damals weder lesen noch schreiben, und so malten die Künstler die Geschichte in einzelnen Bildern, so daß eine Bildergeschichte entstand. Das verstanden die Menschen viel besser, und außerdem konnten sie sich an der kunstvollen, farbigen Malerei, die in den Kirchenräumen hing, erfreuen. Auch für die Ursulakirche malte ein Meister, dessen Namen unbekannt ist, eine Bildergeschichte mit 31 Bildern auf große Holztafeln. Die gemalte Geschichte beginnt mit dem Gebet der Eltern der hl. Ursula, daß Gott ihnen ein Kind schenken möge, und endet mit dem gewaltsamen Tod der 11 000 Jungfrauen. Auch im Kölner Wallraf-Richartz-Museum hängen heute noch etliche Bilder, die die Geschichte der Ursula erzählen.

Im Mittelalter bedeuteten die Heiligen allen Christen sehr viel. Länder, Städte, Berufe, Bruderschaften und einzelne Personen wählten sich einen Schutzheiligen. Der heiligen Ursula wollten sich viele Menschen anvertrauen. Sie war die Schutzheilige der Jugend, der Lehrerinnen und der Tuchhändler. Zu ihr betete man für gute Heirat, guten Ehestand und seligen Tod. Auch in Kriegszeiten erflehten sich die Gläubigen ihren Schutz. Ursula hat die Kölner auch nicht im Stich gelassen, denn selbst in den Kampf der Kölner gegen ihren Erzbischof Engelbert mischte sie sich erfolgreich ein. Als Köln von Engelbert belagert wurde, hatte sein Bruder, der Graf von Cleve, einen Traum. In der Nacht sah er die heilige Ursula und die Schar der Jungfrauen mit Kerzen durch die Stadt wandeln. Sie segnete Mauern und Türme der Stadtbefestigung, damit sie der Belagerung standhalten. Auch andere im Heer des Grafen hatten diese Erscheinung. Nun bekamen alle Angst und fürchteten die Strafe der heiligen Jungfrauen. Sie brachen die Belagerung ab und zogen heim. Für solche Wunder zeigten sich die Kölner natürlich gerne erkenntlich. Sie wählten die heilige Ursula zu ihrer Stadtheiligen

114 Die hl. Ursula und ihre Begleiterinnen auf dem linken Seitenflügel des Altars der Stadtpatrone von Stephan Lochner, um 1440

115 Die Heiligen auf der Stadtmauer beschützen die Kölner vor dem Angriff der Feinde

oder Stadtpatronin. Nun stand Ursula neben den anderen Patronen der Stadt, den Heiligen Drei Königen und dem heiligen Gereon.
Das schönste und größte Bild in Köln, das alle Stadtheiligen zeigt, malte um das Jahr 1140 der große Maler Stephan Lochner. Es ist das Bild der Stadtpatrone, das heute im Kölner Dom hängt. Der Meister hat die Heiligen fein und kunstvoll gemalt. Ihre prunkvollen Samt- und Goldbrokatgewänder, die Pelze und der Schmuck sind so naturgetreu gemalt, daß man glauben kann, alles wäre echt. Schon in früherer Zeit haben die Kölner voller Stolz und Bewunderung diesen Altar angesehen und ihn den Fremden gezeigt. Noch heute kommen viele Touristen in den Dom, um dieses Bild aus einer vergangenen Zeit zu sehen.
So erinnert in Köln vieles an die heiligen Jungfrauen und die heilige Ursula. Im Kölner Stadtwappen deuten die elf schwarzen Flämmchen im unteren Feld auf die 11 000 Jungfrauen hin. Unter den vielen Kirchen Kölns ist die Ursulakirche besonders gut an ihrer Kirchturmspitze zu erkennen; ganz hoch oben glänzt eine goldene Krone, die an die Königstochter und Märtyrerin Ursula erinnern soll.

116 Das Kölner Stadtwappen

Handel, Handwerk und Verkehr

Warum war Köln im Mittelalter eigentlich eine der reichsten, schönsten und größten Städte der Welt? Dafür gibt es wenigstens drei Gründe. Der erste Grund hat mit den Menschen zu tun. Es waren die fleißigen Handwerker, die den Wohlstand der Stadt begründeten, und die Kaufleute, die die Erzeugnisse in alle Welt hinaustrugen. Der zweite Grund ist die besonders gute Lage der Stadt am Rhein. Von Süden nach Norden, von den Alpen bis zur Nordsee war er die Verbindung zu vielen Städten und Handelsplätzen. Über die Nebenflüsse des Rheins konnten die Schiffe auch östliche und westliche Länder erreichen. Dazu führten Landwege von Köln aus nach Osten und Westen.
In Köln geht der Mittelrhein in den Niederrhein über. Ungefähr auf der Höhe der heutigen Südbrücke verändert sich das Gelände auf dem Grund des Rheins, und die Wassertiefe verringert sich. Weiter aufwärts gegen Rodenkirchen und Poll wird auch die Fahrrinne für die Schiffe zunehmend enger. Diese natürlichen Bedingungen sind der dritte Grund für den Reichtum der Stadt. In Köln mußten die Waren größerer Lastschiffe auf einen anderen Schiffstyp umgeladen werden. Daraus zogen die Kölner großen Gewinn, denn sie besaßen ein besonderes Recht, das Stapelrecht (vgl. S. 195 ff.).

Die Handwerker

Schon früh erkannten die Bürger aus den unterschiedlichsten Handwerken und die Kaufleute, daß es besser für den eigenen Betrieb und das Geschäft ist, sich mit Gleichen zusammenzuschließen. Sie bildeten bruderschaftliche Vereine und gaben sich eine Ordnung. Durch diese Vereinbarungen wollten sie und die Kaufleute, die mit ihren Waren handelten, erreichen, daß das Handwerksgut immer von gleichbleibender Qualität war. Sie garantierten gute und preiswürdige Arbeit und Ware und duldeten keine Pfuscherei. Gemeinsam war man stark und konnte sich auch gegen Konkurrenz im Handel und in der Wirtschaft wehren.

Die ersten Bruderschaften wollten aber nicht nur ihre wirtschaftlichen Interessen gemeinsam vertreten, sondern auch ein brüderliches und geselliges Leben miteinander führen, das durch bestimmte Ordnungen und Pflichten geregelt war.
Von der Bruderschaft der Bettlakenweber ist eine Urkunde erhalten, die aus dem Jahre 1149 stammt. Vor über 800 Jahren also beschlossen die Bettlakenweber, daß jeder, der in Köln Bettlaken webt, der Bruderschaft beitreten muß. Tut er es nicht, wird er bestraft.
Auch die Gewandschneider gaben sich im Jahre 1270 eine Ordnung. Eine Menge von Bestimmungen galt einer ehrbaren Lebensführung und einem bruderschaftlichen Verhalten der Mitglieder untereinander. Wehe dem, der seinem Kollegen Tuch oder Stoff stahl; er wurde auf ewige Zeiten aus der Bruderschaft ausgeschlossen und hatte keine Möglichkeit mehr, in Köln sein Geld zu verdienen. Auch wer seine Rechnung in der Kneipe nicht bezahlte, also die Zeche prellte, wurde von der Bruderschaft bestraft. Man mußte auch mit Strafe rechnen, wenn man seinem Kollegen die Kunden abspenstig machte. Die Bruderschaft legte auch die Feiertage fest, an denen nicht gearbeitet wurde. Das waren neben den Sonntagen noch etliche Tage. Auch die tägliche Arbeitszeit wurde festgelegt und Arbeit bei künstlichem Licht nur ausnahmsweise erlaubt. Sicher befürchtete man Nachteile für die Qualität der Waren, wenn sie bei schlechter Beleuchtung angefertigt wurden, aber auch den zu fleißigen Konkurrenten. Starb ein Handwerker, durfte seine Frau den Betrieb noch ein Jahr lang weiterführen. Danach mußte sie entweder wieder einen Handwerksmeister heiraten, der den Betrieb übernahm, oder sie mußte ihn aufgeben. Für die geregelte Ausbildung der Lehrkinder gab es gewisse Vorschriften, und auch die Eintrittsgebühr in die Bruderschaft war festgelegt.
Nach und nach entstanden immer mehr Verbände für die einzelnen Handwerkszweige. Man kennt sie unter dem Namen Zünfte. In Köln wurden diese Verbände Ämter genannt. Jeder Handwerker mußte einem Amt angehören. Ob Goldschmied, Schuhmacher, Schneider, Bäkker, Bierbrauer oder Fleischer, jeder, der in Köln in seinem Handwerk arbeiten wollte, mußte in das für ihn zuständige Amt eintreten.
Die Ämter kontrollierten die Arbeit ihrer Mitglieder genauestens. Sie achteten streng auf die Qualität der Waren, und sie setzten auch die Preise fest. Sie regelten die Arbeitszeit und die Größe des Betriebs durch eine vorgeschriebene Anzahl von Lehrlingen und Gesellen. Vorgeschrieben war auch, nach welcher Methode gearbeitet werden sollte. Durch den Zwang, einem Amt anzugehören, waren alle Kölner Handwerker unter Kontrolle. So verhinderte die strenge Zunftordnung die

Konkurrenz untereinander und natürlich auch die Konkurrenz von außen. Viele Bestimmungen erscheinen uns heute recht kleinlich. Sie bevormundeten die Handwerker regelrecht, vor allem, wenn sie tüchtig waren. Auch wenn sie viel Arbeit und viele Aufträge hatten, durften sie nur die vorgeschriebene Anzahl von Lehrlingen und Gesellen beschäftigen. Wollten sie ein wenig länger arbeiten, so war auch das verboten. Auf der anderen Seite sorgten die Zünfte dafür, daß jeder Handwerksmeister ein gutes Auskommen hatte und für die Kunden vertrauenswürdig blieb. Um das sicherzustellen, gab es natürlich auch wieder Vorschriften: Wer von einem fremden Kaufmann, Gast oder Bürger Holz oder andere Ware kauft und nicht spätestens bis zum nächsten Tage bezahlt, muß, wenn der Verkäufer Klage erhebt, der Zunft eine Strafgebühr entrichten; wer eine Arbeit zugesagt hat und sie über zwei Wochen hinauszieht, so daß dem Auftraggeber daraus Nachteile entstehen, muß ebenfalls Strafe bezahlen. Einer Zunft anzugehören war vorwiegend Männersache. Doch es gab auch Zünfte, die nur aus Frauen bestanden: es waren die der Goldspinnerinnen und Garnmacherinnen. In einigen Zünften waren Frauen nur zu bestimmten Arbeiten zugelassen.
Die Zünfte kontrollierten nicht nur die Arbeit ihrer Mitglieder, sondern auch das Leben. Sie achteten auf die guten Sitten, auf die Ehre und die Gerechtigkeit ihrer Mitglieder. Die Handwerksmeister waren verpflichtet, darüber zu wachen, daß die Lehrlinge und Gesellen abends zeitig nach Hase kamen, niemals über Nacht ausblieben und sich nicht dem Trunk oder dem Würfelspiel ergaben. Bei den Goldschmieden durfte »kein Lehrling während seiner acht Lehrjahre ein anderes als ein gewöhnliches Brotmesser bei sich tragen, noch war es ihm erlaubt, draußen zu schlafen und mit Würfeln um Geld zu spielen«. In manchen Zünften war auch festgelegt, wie man sich zu kleiden hatte. Die Gewänder durften nicht bestickt und beschlagen sein.
Die Mitglieder der Ämter hatten sich einer christlichen Lebensführung und besonders der Nächstenliebe verpflichtet. Dazu gehörte auch die Sorge und Unterstützung armer und in Not geratener Handwerker der eigenen Zunft. Aber auch andere Arme und Kranke in der Stadt wurden versorgt. Es war auch eine strenge Pflicht, einem Verstorbenen die letzte Ehre zu erweisen. Dazu zählten die Totenwache, ein Opfer in Wachs und die Teilnahme an der Beerdigung.
Die Gaffeln, in denen Zünfte und Kaufleute politisch organisiert waren, hatten besondere Gesellschaftshäuser, in denen man sich traf und alle Angelegenheiten regelte. War eine Zunft zu klein oder zu arm, um ein eigenes Haus zu besitzen, benutzte man das Haus einer anderen Gaffel mit.

117 Zunfthaus der Brauer auf der Schildergasse, Aquarell, 1866

An wechselnden Orten in Köln wurde das große Banner der Stadt Köln aufbewahrt. Die Verantwortlichen für die Fahne aus jeder Gaffel hießen Bannerherr. Es war ein besonderes Amt, in das man auf Lebenszeit gewählt wurde. Der Bannerherr rief die Versammlungen der Gaffel ein und führte den Vorsitz. In Zeiten der Gefahr mußte er die Mitglieder der Gaffel zum Alarmplatz führen, denn alle Mitglieder waren verpflichtet, die Stadt zu verteidigen und Wehr- und Wachdienst zu leisten.

Die Kaufleute

Schon seit den frühesten Zeiten war es so: Die Kaufleute brauchten die Städte mit den vielen Menschen, den Geschäften, den Märkten und Messen, um ihre Waren zu verkaufen und viel Geld zu verdienen. Aber auch die Städte brauchten die Kaufleute, denn die Stadtbevölkerung wollte mit den unterschiedlichsten Waren versorgt sein, die Händler wollten Gewinne machen, und die Handwerker brauchten die Rohstoffe, die die Kaufleute brachten, um ihre Produkte daraus herzustellen. Durch die Kaufleute kam Geld in die Stadt. Mit dem Geld wuchsen das Ansehen, der Reichtum und die Größe der Stadt.
Im frühen Mittelalter waren die Kaufleute auf ihren Handelswegen vielen Hindernissen ausgesetzt. Reisten sie über Land, führten die holperigen Wege sie über Berge und Täler, durch Wälder oder Gebiete, in denen die Straßen bisweilen überhaupt nicht zu erkennen waren. Räuber und Wegelagerer warteten schon daruf, die mit Waren vollgepackten, schweren Wagen oder die Lasttiere zu stehlen. Für die sichere Durchquerung ihres Landes forderten die jeweiligen Landesherren Zölle und Abgaben, und an den Brücken mußte ein Brückengeld entrichtet werden. Wenn es möglich war, bevorzugten die Kaufleute den Flußweg, denn der Transport auf Schiffen, Kähnen oder Holzflößen war weniger beschwerlich. Viele Waren aus allen Ländern wurden auch auf dem Seeweg transportiert. Doch auch hier waren die Schwierigkeiten groß. Seeräuber bevölkerten die Meere, und immer bestand die Gefahr des Schiffbruchs. Die seetüchtigen Schiffe konnten auch noch nicht sehr viele Waren laden und waren oft lange unterwegs, ehe sie wieder im heimatlichen Hafen waren.
Um alle Hindernisse und Schwierigkeiten besser bewältigen zu können, schlossen sich die Kaufleute in vielen deutschen Städten zu Schutzgemeinschaften, Bruderschaften und Genossenschaften zusammen. Sie

teilten gemeinsam die Kosten und den Gewinn einer Handelsfahrt. Kam ein Schiff oder Landtransport glücklich am Zielort an, war der Gewinn sehr hoch. Aber alles Geld und alle Mühe waren umsonst, wenn die Waren geraubt oder gekapert wurden oder bei Schiffbruch im Wasser versanken. Gemeinsam konnte solch ein Verlust natürlich besser verkraftet werden. Die Gemeinschaften der Kaufleute organisierten auch gemeinsame Frachten und Fahrten, besorgten eigene Schiffe und halfen sich an fremden Orten. Mit Ländern, Städten und Landesherren handelten sie Verträge aus, die ihnen Vorteile brachten und eine Sicherheit für die Personen und Waren garantierten. Um das zu erreichen, brauchten die Kaufleute viel Geld, Geschick und Ausdauer bei den Verhandlungen.

Schon im 10. Jahrhundert fuhren die Kölner Kaufleute mit ihren eigenen Schiffen über die See in alle wichtigen Hafenstädte der damaligen Welt. In England standen sie bald unter dem besonderen Schutz des Königs, und ab 1130 haben sie sogar eine eigene Niederlassung, die »Gildehalle« an der Londoner Themse. Auch die Kaufleute, die an die Ostsee nach Dänemark fuhren, schlossen sich schon früh zu einer Bruderschaft zusammen. Im Jahre 1246 gründeten sie die »fraternitas Danica« und erhielten besondere Vorrechte. Kölner Kaufleute brachten Tuche, Wein und Waffen in das Ostseegebiet und brachten Schiffsladungen von Heringen und Seefischen mit nach Köln. Auch in den Osten, nach Polen und Rußland, hatten die Kölner Kaufleute gute Beziehungen. Sie nahmen Wein, Seide und Tuche, Textilien und Waffen mit in diese Länder. Auf dem Rückweg brachten sie Pelze, Hanf, Flachs und Leinen, aber auch Wachs, Talg und Holz mit nach Köln und in den Westen Europas. Auch Schiffsladungen voll Getreide, vor allem Weizen und Roggen, holten sie aus dem Osten.

Aus den Ländern um das Mittelmeer, vor allem aus Italien, brachten die Kaufleute begehrte Waren mit: Seide, Baumwolle, Gewürze und Drogen, Lebensmittel und Genußmittel aus fernen Ländern. In Venedig hatten die Kaufleute eine Niederlassung, den »Fondaco dei Tedeschi«. Sie brachten den Italienern Kölner Goldfäden, Blattgold und Silber, Leinwand und Tuche.

Die Kölner Kaufleute waren den größten Teil des Jahres unterwegs. Sie führten ein hartes und anstrengendes Leben. Aber sie hatten auch eine große Leidenschaft: die Liebe zum Geld und das Geldverdienen. Ein geschickter Kaufmann, der in die Ferne fuhr, konnte sehr viel verdienen. Wenn sie es sich leisten konnten, überließen sie es jedoch lieber anderen, die mühsamen, langen Handelsfahrten zu unternehmen. Sie gaben nur noch das Geld dazu und blieben lieber zu Hause. Hier versuchten sie, ihr Geld durch Geldgeschäfte zu vermehren und sicher anzulegen, kauften Häuser und Grundstücke, vor allem in der Nähe des Rheins, im Kaufmannsviertel. Diese Kaufleute brachten ungeheure Gelder in Umlauf. Sie kannten sich in vielen Ländern, Städten, Orten und Handelsplätzen gut aus und waren vielen Stadtbewohnern, die fast nicht mehr von der Welt kannten als die eigene Stadt und die umliegenden Orte, weit überlegen. Sie konnten lesen, schreiben und rechnen. Ohne diese Fähigkeiten konnte kein guter Kaufmann die komplizierten Handelsgeschäfte führen. Kein Wunder, daß diese Männer auch zu großem Einfluß in der Stadt gelangten und bald auch Aufgaben an sich zogen, die die gesamte Stadt betrafen. Die Kaufleute, die durch ihr Geld, ihre guten Beziehungen zu Landesherren, Fürsten, Königen und Kaisern ein großes Gewicht in der Stadt hatten, nannten sich Patrizier. Sie waren die reichsten und mächtigsten Bürger in der Stadt. Nach und nach gelang es ihnen, die Macht des erzbischöflichen Stadtherrn einzuschränken, oder sie gar selbst zu übernehmen. Als die große Stadtmauer gebaut wurde, setzten sie sogar die Steuern für die Stadtbevölkerung fest, und das machte sie natürlich nicht beliebt bei den einfachen Menschen.

In ihren Geldgeschäften waren die Kaufleute oft rücksichtslos und scheinbar ohne Gewissen. Sie waren vorsichtig und mißtrauisch anderen gegenüber, denn sie hatten immer Angst, Geld zu verlieren. Mit den Armen wollten sie nichts zu tun haben, denn mit ihnen konnten sie ja keine Geschäfte machen. Trotzdem waren ihre guten Taten und frommen Gaben im Alltag sehr zahlreich. Sie unterstützten die Armen mit Geld, Nahrung oder einem Obdach. Sie sorgten für Witwen, Waisen und Findelkinder. Reiche Bürger stifteten Häuser, in denen unverheiratete Frauen leben konnten, oder Häuser für die Kranken. Der reiche Kaufmann Johann Rink stiftete so viel Geld, daß davon ein Hospital für »wansynnige lude«, also für Geisteskranke gebaut werden konnte. Sein Sohn Peter sorgte dafür, daß das Hospital noch vergrößert wurde. Viele Menschen in der Stadt waren bereit, für mildtätige Zwecke zu spenden. Die Sorge für die Menschen, die alt, arm, krank und schwach waren, übernahm ja damals noch nicht der Staat. Die Kirche und die Bürger sorgten für sie. Für die reichen Kaufleute war das ja auch kein Problem. Sie gaben ja auch nur das Geld und brauchten sich nicht selbst um die Not der Menschen zu kümmern. Mit dem Geld, das sie den Armen gaben, beruhigten sie ihr Gewissen, denn sie hatten Furcht vor Gott und der Kirche und auch große Angst vor der Hölle. Um ihr Gewissen zu erleichtern und Sühne für die begangenen Sünden zu leisten, wählten die Menschen im Mittelalter noch einen anderen

Weg: Sie gaben Kunstwerke und Bauwerke in Auftrag, bezahlten sie und schenkten sie der Kirche. Auch an solchen Stiftern lag es, daß es in Köln unzählige Kunstschätze und so viele Kirchen, Klöster und Kapellen gab. Der reiche Bürger Hermann vom Neumarkt konnte es sich im 12. Jahrhundert leisten, eine gesamte Kirche in Auftrag zu geben und zu bezahlen. Die Kirche lag im Westen Kölns und bekam den Namen St. Mauritius. Damals gab es in Köln eine große Anzahl Kirchen, Klöster und Kapellen. Alle diese Kirchenräume mußten mit Altären, Kreuzen, Heiligenfiguren, Glasfenstern und noch vielem mehr geschmückt werden. Man benötigte auch Geräte für den Gottesdienst, die natürlich zur Ehre Gottes aus Gold und Silber sein mußten: Die Monstranz zum Zeigen und Tragen der geweihten Hostien, Hostienbehälter, Kelche für den Meßwein, Gießgefäße für das Wasser, Kerzenständer, Weihrauchgefäße, Vortragekreuze. Hinzu kamen kostbare Reliquienbehälter, in denen Überreste von Heiligen aufbewahrt wurden, und wertvolle Bücher für die Meßfeier. Für die hl. Messe benötigten die Geistlichen besondere Gewänder. Sie waren oft aus kostbarer Seide mit Gold durchwirkt und mit Bildern bestickt. Natürlich konnten nur die reichen Bürger solche Stiftungen an die Kirchen machen. Für eine billige Goldschmiedearbeit mußte ein Kölner Handwerksmeister schon 50 Tage arbeiten, um sie bezahlen zu können, und für eine teure Arbeit aus Gold bis zu 1000 Tagen, also über drei Jahre. Diesen Menschen war es nur möglich, die Kunstwerke in den Kirchen anzuschauen und sich von dem Glanz und der Pracht, die sie verbreiteten, beeindrucken zu lassen. Die Stifter hingegen ließen sich auf Bildern, Glasfenstern oder Grabmälern in der Kirche auch selbst darstellen, damit jeder sah, daß sie sie gestiftet hatten, und damit die Nachwelt lange an sie dachte und für sie betete. Die Stifter hatten natürlich viel Freude daran, Geld für solche Kostbarkeiten auszugeben, denn die Kunstwerke dienten der Ehre Gottes, dem Ruhm der Stadt und dem Andenken an sie selbst. Die Kaufleute hatten großen Einfluß auf die Kunst, denn sie bestimmten genauestens, wie das Kunstwerk, das sie in Auftrag gaben und stifteten, auszusehen hatte. Aber sie verstanden auch etwas davon. Auf ihren Reisen hatten sie viel gesehen, und ihr Geschmack verfeinerte sich. Für ihre eigenen Zwecke ließen sie von den Goldschmieden silberne Schalen und Trinkbecher und goldene Ringe mit wertvollen Steinen anfertigen. Bei den Kölner Malern gaben sie Bilder in Auftrag, vor denen sie andächtig beten konnten oder auf denen sie sich selbst in aller Pracht darstellen ließen. Durch die anspruchsvollen Kaufleute hatten Goldschmiede, Maler und Seidenweberinnen, aber auch Baumeister, genug zu tun.

Reiche Kaufleute gründen in Köln eine Universität

Besonders die Kaufleute wollten ihre Söhne in Schulen schicken, in denen sie viel Praktisches und Nützliches lernten: Schreiben, Rechnen, Lesen, Erdkunde, Geschichte und fremde Sprachen. Das lernten sie in Köln an Schulen, die zu den Klöstern und Stiften gehörten. Diese Schulen waren berühmt für ihre Gelehrsamkeit und ihre Lehrer. Nach dieser Schulzeit mußten die Söhne oft ins Ausland, nach Frankreich oder Italien, gehen, weil es in Köln keine Hochschule oder Universität gab, auf der sie hätten weiter Theologie, Jura oder Medizin studieren können. Im Jahre 1388 änderte sich das. Die reichen Kölner Bürger gründeten mit Erlaubnis des Papstes eine Universität und bezahlten alle Kosten. Es war die erste Universität, die von Bürgern einer Stadt gegründet wurde.

118 Das Siegel der Universität zu Köln

Die Gaffeln

Etliche Zeit später als die Ämter der Handwerker bildeten sich die Gaffeln. Kaufleute, die beruflich miteinander zu tun hatten, trafen sich, um untereinander ihre Meinung auszutauschen. Er war ein geselliges Beisammensein, denn gutes Essen und Trinken gehörte dazu. Irgendjemand ist wohl auf den Gedanken gekommen, diese Zusammenkünfte »Gaffel« zu nennen. Wahrscheinlich war es beim Essen, denn die Gaffel war die Vorlegegabel bei Tisch. Es war übrigens die einzige Gabel auf dem Tisch, mit der man sich den Teil, den man essen wollte, aus der Schüssel holte. Gegessen wurde ja damals noch mit den Fingern, und Gabeln zum Essen waren noch nicht im Gebrauch. Besonders die Kaufleute vereinigten sich in den Gaffeln Aren, Schwarzhaus, Windeck, Himmelreich und Eisenmarkt.
Mit der Zeit übernahmen die Gaffelgesellschaften Aufgaben für die gesamte Stadtgemeinde. In ihren Gaffelhäusern trafen sie sich nicht nur zum fröhlichen Beisammensein, sondern um Politik zu machen. Später wurden die 42 Zünfte und die Kaufleute in 22 Gaffelgesellschaften zusammengefaßt. Während die Zünfte sich um das gewerbliche und wirtschaftliche Wohl ihrer Mitglieder kümmerten, übernahmen die Gaffeln die politischen Aufgaben.

Das Stapelrecht

Köln ist heute eine Stadt, in der das Handwerk und die Industrie viele Waren herstellen, die von Händlern und Kaufleuten in die ganze Welt ausgeführt werden. Köln ist eine Stadt des Handels und Gewerbes, und das war schon vor über 700 Jahren so. Köln stand damals an der Spitze des gesamten Rheinhandels und beherrschte den Hauptverkehr zwischen den Nordseeländern und den bedeutenden französischen und italienischen Handelsstädten. Köln liegt an der Grenze vom Niederrhein zum Mittelrhein. Viele Schiffer waren gezwungen, ihre vollbeladenen Schiffe in Köln anzuhalten und deren Fracht in kleinere Schiffe umzuladen, weil das Wasser im Mittelrhein weniger tief ist und die Fahrrinne sich verengt. Durch das Umladen der Waren entstand hier eine besondere Handelsmethode, der Stapel. Die ausgeladenen Waren mußten drei Tage lang zum Verkauf angeboten werden. Aber nur Kölner durften in diesen drei Tagen die Waren kaufen und hatten schöne Vorteile dadurch: Sie bekamen den frischesten Fisch, das beste Ge-

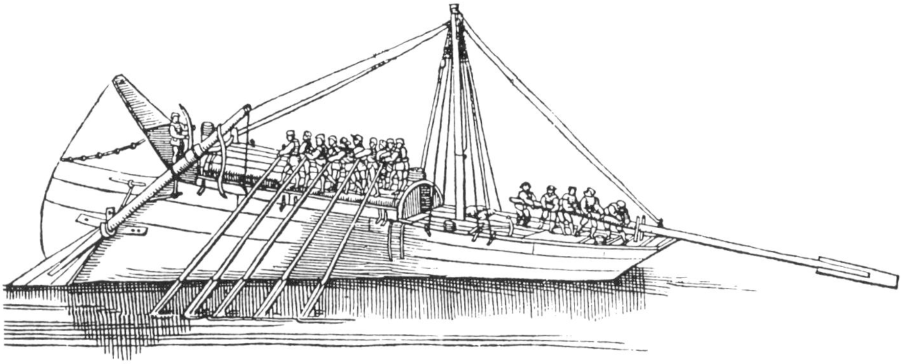

119 Oberländer Schiff

treide, den köstlichsten Wein und waren mit Lebensmitteln gut versorgt. Auch Waren, die die Handwerker zur Weiterverarbeitung benötigten, waren durch den Stapel ausreichend zu bekommen: Wolle, um Stoffe daraus zu weben, Leder, um Gürtel, Taschen und Schuhe daraus anzufertigen und Pelze, um die Mäntel damit zu füttern. Aber auch Eisen und Stahl für Rüstungen und Waffen und noch vieles mehr brachten die Kaufleute mit den Schiffen. Viele auswärtige Kaufleute versuchten den Stapel zu umgehen. Aber die Kölner bestanden auf ihrem Vorrecht. Auf ihr Bitten und Drängen hin legte der Stadtherr von Köln, der Erzbischof Konrad von Hochstaden, im Jahre 1259 das Stapelrecht in einer Urkunde fest: »Kein Kaufmann aus Ungarn, Böhmen, Polen, Bayern, Schwaben, Sachsen, Thüringen, Hessen oder irgendwelchen anderen östlichen Gebieten, der mit Waren ganz gleich welcher Art

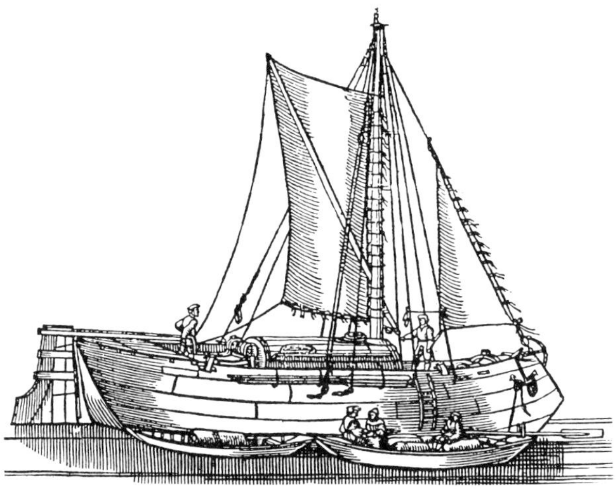

120 Niederländer Schiff

zum Rhein kommt, darf über Köln hinaus und auf dem Rhein aufwärts über Rodenkirchen hinausfahren. Kein Flame, Brabanter oder sonst jemand von jenseits der Maas und aus den Niederlanden darf nach alter und rechtsgültiger Gewohnheit über Köln hinaus weiter als bis Riehl.« Als Grenze war also im Süden Rodenkirchen und im Norden Riehl festgelegt. Auch die Waren, die über die Landwege nach Köln kamen, mußten zum Stapel angemeldet werden. Sie durften unterwegs weder auf dem Markt verkauft, noch abgeladen werden. Wenn ein Kaufmann mit seinem Schiff in Köln anlegte, mußte er seine Waren mit Hilfe von städtischen Angestellten und Arbeitern aus einem Schiff in das andere laden. Dabei waren auch Zollgebühren fällig. Hielt ein Kaufmann die Bestimmungen des Stapelrechts nicht ein, durfte er »verhanst« werden. Das geschah so: »Wenn ein Kaufmann sich nicht daran stört oder dem zuwiderhandelt und dabei von einem Kölner ertappt wird, so kann ihn dieser Bürger ungestraft und mit vollem Recht verhaften und bestrafen gemäß einer alten Gewohnheit, die ›hansen‹ genannt wird und darin besteht, daß der Kölner Bürger, der einen Kaufmann bei einem derartigen Verstoß ergriffen hat, ihn mit Ruten und Binsen oder sonstwie binden darf. Wenn aber ein Kaufmann ohne Einwilligung dieses Bürgers die Fesseln löst oder zerbricht, dann verfällt er mit Leib und Gut demjenigen, der ihn ergriffen und gefesselt hat . . .«
Die Waren wurden beim Umladen einer strengen Kontrolle unterzogen. Was nicht einwandfrei oder gar verdorben war oder wegen sonstiger Fehler nicht als »gerechtes Kaufmannsgut« erachtet werden konnte, durfte nicht weiterbefördert werden. Es wurde zurückgeschickt, verbrannt oder in den Rhein geworfen. Der Rat der Stadt wachte besonders streng über die Lebensmittel, und wenn es nötig war, schrieb er auch Beschwerdebriefe. So einmal im Jahre 1478 an verschiedene Städte im Umland: »Etliche fremde Personen haben bei uns Speisekraut und andere Spezereien feilgeboten, die bei der Probe sich als nachgemacht und gefälscht erwiesen haben; darum haben wir das Kraut als falsches Gut verbrennen lassen; aber die Personen sind uns entwischt, sonst wären wir mit ihnen verfahren, wie es sich gebührt.« Jemand, der erwischt wurde, sperrte man in Türme der Stadtmauer und bestrafte ihn.
Die Kontrolle über die Waren war aber auch unbedingt nötig. Die Händler, Kaufleute und Handwerker waren damals nämlich gar nicht immer so ehrlich und vertrauensvoll, und sie hatten auch schlechte Eigenschaften. Sie betrogen, verlangten zu hohe Preise und fälschten oder vermischten die Waren. Deshalb hatte die städtische Aufsicht eine große Bedeutung. In den Kaufhäusern und Hallen kontrollierten be-

121–123 Brandstempel aus dem Fischkaufhaus, 16.–18. Jahrhundert

sondere Sachverständige die Erzeugnisse. Sie ließen die Verpackungen nach Stichproben öffnen und die Waren durchsehen. Sie wurden dann umsortiert oder umbehandelt, wie zum Beispiel die Heringe. Sie wurden neu in die Fässer geschichtet und dabei wurde das Pökelsalz ergänzt oder ersetzt. Dann bekamen die Heringstonnen einen besonderen Stempel, den »Kölner Brand«. Jeder konnte sich jetzt auf die Qualität der Heringe verlassen.

Die Kölner wollten aus ihrem Stapelrecht natürlich kräftigen Gewinn machen. Deshalb durfte der Kaufmann für den weiteren Transport auch nur kölnische Schiffe oder Landfuhrwerke benutzen. Die ersten beiden Stapeltage waren den Kölnern vorbehalten, die nur für ihren eigenen Haushalt einkauften. Erst am dritten Tag durften Händler und Großhändler einkaufen, aber auch nur Kölner Händler, Großhändler oder Makler. Die Makler verkauften die Waren sofort an fremde Händler weiter, die ja nicht in Köln kaufen durften. Das brachte den Kölnern natürlich viel Gewinn. Die Kölner hatten auch kein Interesse daran, daß fremde Kaufleute eine Niederlassung in ihrer Stadt gründeten. Deshalb bestimmten sie, daß jeder Gast, ganz gleich, woher er kommt, nur sechs Wochen hintereinander in Köln bleiben darf, um Handel zu treiben, aber auch nur dreimal im Jahr. Weil Köln aber ein guter Handelsplatz für die auswärtigen Kaufleute war, ließen sich viele hier nieder und wurden Kölner Bürger.

Die Waren, die in Köln gestapelt werden mußten, waren vor allem »Ventgut«. Das waren alle fetten, feuchten und auch leichtverderblichen Waren, wie Speck, Käse, Schinken, Öl, Getreide und Salzwasserfische, aber auch lebendes Vieh, Honig, Wein, Eisen, Stahl, Blei, Bauholz, Steine, Tuch, Leinwand, Wolle und Wein mußten zum Stapel angemeldet werden.

Durch das Stapelrecht war die Versorgung der Kölner gesichert. Darüber hinaus war auch durch das Stapelrecht Köln ein Zentrum für die Wirtschaft. Deshalb wurde sorgsam darauf geachtet, dieses Recht nicht zu verlieren. Nachdem die Erzbischöfe nicht mehr Stadtherr von Köln waren, ließen sich die Kölner das Stapelrecht immer wieder von den deutschen Königen erneuern und bestätigen.

Handwerker und Kaufleute auf dem Weg zur Macht

Um die Herrschaft in der Stadt und die Freiheit hatte es immer wieder lange und erbitterte Kämpfe gegeben. In der Schlacht bei Worringen, im Jahre 1288 besiegten die Kölner den Erzbischof, ihren Stadtherrn. Von diesem Zeitpunkt an verwalteten und regierten die Kölner ihre Stadt selbst, und nur der König oder der Kaiser standen über ihnen. Dem Erzbischof blieb fast nur die hohe Gerichtsbarkeit über Leben und Tod. Aber die Macht in der Stadt hatten nur ganz wenige: Es war eine kleine Gruppe sehr, sehr reicher Familien, die schon lange in Köln wohnten. Sie nannten sich Patrizier. Alle anderen Bürger und Einwohner Kölns hatten nichts zu sagen. Doch es gab auch viele Händler und Handwerker in den Zünften und Gaffeln, die zu Reichtum und Ansehen gelangt waren und die in den städtischen Angelegenheiten ein Wörtchen mitreden wollten. Die Patrizier kümmerten sich jedoch nicht darum und vergaben auch keine wichtigen und einflußreichen Ämter an andere Kaufleute und Händler. Sie wollten ihre Macht nicht teilen. Aber allzulange konnte das nicht gutgehen. Die Mehrheit der Bevölkerung war ja in den Zünften und Gaffeln vertreten. Sie verlangten immer heftiger nach Mitsprache. Bald fand sich auch ein Grund, gegen die Patrizier vorzugehen. Sie waren mit den Steuergeldern der Kölner nicht sorgfältig umgegangen, und der Verwalter der Stadtkasse hatte sogar Geld unterschlagen und es für private Zwecke ausgegeben. Dem Verwalter Rutger Hirzelin wurde zwar der Kopf abgeschlagen, aber damit war die Sache für die Zünfte und Gaffeln noch nicht erledigt. Sie sahen ihre Stunde gekommen, die Patrizier zu entmachten, allen voran die starke Zunft der Weber, denn sie hatte die meisten Mitglieder und den größten Einfluß. Sie erreichten, daß nicht nur die Patrizier die hohen, einflußreichen Ämter bekleideten, sondern sie selbst und einige wenige aus anderen Zünften. Doch bald machten es die Weber genauso wie die Patrizier. Sie wurden machtbesessen, wollten Vorrechte und schauten hochmütig auf die anderen Zünfte herab. Dadurch machten sie sich natürlich bei den anderen Handwerkern und Kaufleuten keine Freunde.

Im Gegenteil, sie waren enttäuscht und hielten wieder zu den Patriziern, die auf eine günstige Gelegenheit warteten, wieder an die Macht zu kommen. Bald fand sie sich, und gemeinsam wagten sie den Widerstand gegen die Weber. Am 20. November 1371 kam es auf den Straßen zwischen dem Waidmarkt und dem Griechenmarkt zum blutigen Kampf. Die Weber mit einigen wenigen anderen Zunftgenossen standen den Patriziern und ihren Kampfgenossen gegenüber. Die Weber waren diesem Ansturm nicht gewachsen und verloren den Kampf. Die Rache der Patrizier an den Webern war furchtbar. Viele wurden erschlagen. Wer noch lebte, wurde mitsamt der Familie aus der Stadt vertrieben. Ihr Geld, ihre Häuser, Geschäfte und Waren bekamen sie nicht mehr zu sehen, alles wurde von den Patriziern beschlagnahmt und später der Stadtkasse zugeführt.
Die Patrizier waren nun wieder an der Macht. Aber sie wurden vorsichtiger und gaben einige Vorrechte auf. Doch die alten Zeiten kamen nicht wieder, und Streitereien um die Macht schwächten sie. Bald wur-

124 Ansicht von Köln (Ausschnitt), Johannes Koelhoff (Sohn), 1499

den in den Zunft- und Gaffelhäusern wieder Pläne für einen Umsturz geschmiedet. Am Sonntag, 18. Juni 1396, zog eine bewaffnete Schar Handwerker und Kaufleute zu den versammelten Patriziern, sperrten sie in die Türme der Stadtmauer und brachten das Stadtbanner in ihre Gewalt. Die Patrizier leisteten keinen Widerstand, und damit war ihre Herrschaft, die etwas mehr als hundert Jahre gedauert hatte, endgültig erledigt.

Die Bürger geben sich eine Verfassung

Die Kölner hatten nun die schwere Aufgabe, die Ordnung in der Stadt wiederherzustellen. Aber wie sollte die Stadt regiert und verwaltet werden? Wenn alle miteinander in Frieden leben wollten, durfte es keine Unterschiede mehr geben. Egal ob Patrizier, Kaufmann oder Handwerker, alle Bürger sollten dieselben Rechte haben. Eine Kommission

125 Verbundbrief von 1396

126 Hölzerne Lade zum Aufbewahren eines Verbundbriefes, 15. Jahrhundert

setzte sich zusammen und beratschlagte. Am 14. September 1396 war sie sich einig und verkündete eine neue Verfassung für Köln. Aufgeschrieben war sie auf einem großen Stück Pergament, an dem 22 Siegel der Gaffeln und ein großes Siegel der Stadt Köln hingen. Die neue Verfassung wurde Verbundbrief genannt, denn die gesamte Bürgerschaft hatte sich zum Wohle der Stadt verbunden und sollte an den Aufgaben der Führung und Verwaltung beteiligt sein. Alle 22 Gaffeln und auch der Rat der Stadt erhielten eine Ausfertigung des Verbund-

127 Ratssitzung im Senatssaal, Kupferstich, um 1655

briefes. Sie wurden in verschließbaren Holzkästen aufbewahrt und auf den Gaffelhäusern und im Rathaus sorgsam gehütet.
Im Verbundbrief wurde aufgeschrieben, daß die städtischen Angelegenheiten von einem Rat geleitet werden sollen. Der Rat soll aus 49 Kölner Bürgern bestehen. Aus den einzelnen Gaffeln sollen insgesamt 36 Männer bestimmt werden, die restlichen 13 werden von den 36 Männern gewählt, egal aus welcher Zunft oder Gaffel sie kommen. Vom gesamten Rat werden die beiden Bürgermeister für ein Jahr gewählt. Die Ratsherren sollten ehrbar, weise und von ehelicher Geburt sein. Ihr Amt durften sie nur durch eine freie Wahl erhalten und nicht durch Bestechung, Freundschaft oder Verwandtschaft. Geschenke durften sie nicht annehmen, denn sie sollten die Ehre und Freiheit der Stadt zum Besten der Allgemeinheit vertreten. Die ehrbaren und weisen Männer wurden für ein Jahr gewählt, und zwei Jahre mußten sie nach dem Ausscheiden warten, bis sie wieder das Amt eines Ratsherren annehmen durften. Bei wichtigen Beschlüssen mußte der Rat noch zusätzlich den Rat der »Vierundvierziger« einholen. Die Vierundvierziger bestanden aus je zwei Vertretern der Gaffeln.
Damit kein Bürger von der Wahl ausgeschlossen blieb, wurde bestimmt, daß jeder einer Zunft oder Gaffel angehören mußte. Dort mußte er schwören, alle Bestimmungen des Verbundbriefes zu befolgen. Wenn es für den Beruf, den man ausübte, keine eigene Zunft oder Gaffel gab, durfte man wählen, zu welcher man gehören wollte. Es gab 42 Zünfte, die in 22 Gaffeln zusammengeschlossen waren.
Durch den Verbundbrief war es jetzt den Bürgern möglich, sich an den Aufgaben für das allgemeine Wohl der Stadt und der Bevölkerung zu beteiligen.
Doch mit dem Jahre 1396 und dem Verbundbrief waren nicht alle Menschen in der Stadt gleichberechtigt. Wer in eine Gaffel eintreten wollte, mußte ein Eintrittsgeld bezahlen und Panzer, Eisenhut, Brustharnisch und Kampfhandschuhe besitzen, denn die Verteidigung der Stadt war Sache der Bürger. Natürlich gab es viele Menschen in der Stadt, die durch ihre Arbeit gerade das Nötige zum Leben hatten und kein Geld besaßen. Es waren Tagelöhner, Knechte, Gesellen oder Arme. Sie konnten nicht in eine Zunft oder Gaffel eintreten und hatten auch kein Wahlrecht. Auch wer »bescholten« war, d. h. wer etwas auf dem Kerbholz hatte oder unehelich geboren war, durfte nicht wählen. Dazu kamen Geistliche, Studenten und Juden, die von den Ratswahlen ausgeschlossen blieben. Das betraf auch die Frauen, denn ihr Bürgerrecht galt nur für den wirtschaftlichen Bereich und nicht für den politischen.
So war ein großer Teil der Bevölkerung von der Wahl ausgeschlossen

NAMEN UND WAPPEN
DER 22 ZÜNFTE UND GAFFELN

Wollenweber

Eisenmarkt (Kaufleute)

Schwarzhaus (Kaufleute)

Goldschmiede

Windek (Kaufleute)

Buntwörter (Kürschner)

Schilderer (Maler)

Ahren (Riemenschneider)

Steinmetzen

Schmiede

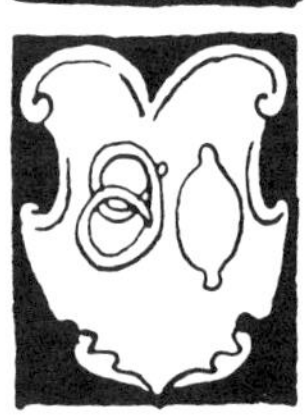

Bäcker

Bierbrauer

Himmelreich (Kaufleute)

Fleischamt

Fischamt

Schneider

Schuster

Gürtelmacher

Sarwörter (Schwert- und Harnischmacher)

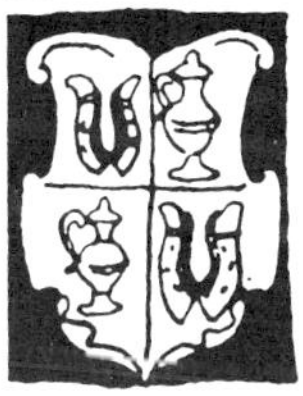

Kannengießer

Faßbinder

Leinenweber

und konnte nicht in das Amt eines Ratsherren gewählt werden. Das blieb nur den Kölnern vorbehalten, die gute Arbeit, Geld und Besitz hatten. So blieb es bis zum Ende der freien Reichsstadt Köln und erst in unserem Jahrhundert erhielten auch Frauen das Wahlrecht.

Nachwort

1965 gründeten die Museen der Stadt Köln den ersten museumspädagogischen Dienst in der Bundesrepublik, damals Außenreferat, heute Museumsdienst Köln genannt, um möglichst breiten Kreisen der Bevölkerung die ausgestellten Werke und Zeugnisse von Kunst, Kultur und Geschichte zu erschließen.
Durch Unterrichtsgespräche, Führungen, Arbeitsgemeinschaften, praktische kreative Kurse und Schriften sind seither zahllose Kinder, Jugendliche und Erwachsene aus Köln und seinem Umland, aus ganz Nordrhein-Westfalen sowie den benachbarten Ländern und Staaten betreut worden.
Eine wesentliche Ausweitung und Vertiefung in der Arbeit mit den Schulen gelang 1986, als in Zusammenwirken mit dem Schulamt für die Stadt Köln und dem Regierungspräsidenten die »Museumsschule« ins Leben gerufen werden konnte. Sie unterrichtet Klassen der Grundschule und der Sekundarstufe I und II im Römisch-Germanischen Museum, Kölnischen Stadtmuseum, Wallraf-Richartz-Museum/Museum Ludwig, in den Sonderausstellungen und Außenstellen sowie – nicht zuletzt – an den Ruinen und Bauten der römischen und mittelalterlichen Stadt.
Ob Sachunterricht, Geschichte/Politik, Kunst oder Religion – charakteristisch für den Unterricht der Museumsschule ist die Abstimmung mit dem Lehrer der Klasse, die individuell auf die Lernsituation der Schüler und die Ziele des Unterrichts bezugnehmende Konzeption des Besuchs, der Unterrichtsreihe oder des Projektes, die Medieneinsatz oder praktische Arbeiten einschließen.
Längst ist aus dem »Modellversuch Museumsschule« eine nicht mehr wegzudenkende Institution geworden, deren Termine auf lange Wochen im voraus belegt sind. Die Integration der Angebote der Museen in den Unterricht der Schule ist gelungen, gewinnt der Schule einen unverzichtbaren, originale Quellen bereitstellenden, attraktiven Lernort und den Museen ein »geschultes« Publikum, auf das man auch in Zukunft bauen kann.

Diese Erfolge sind ganz wesentlich dem Engagement der Lehrerinnen und Lehrer zu danken, die zugleich auch im gewohnten Schuldienst tätig, sich auf den »Modellversuch Museumsschule« einließen. Elisabeth Mick war von Beginn an mit Begeisterung dabei, erarbeitete mit ihren Kolleginnen und Kollegen das originäre Instrumentarium und breite Stoffangebot der Museumsschule.
Ein – ebenso unerwartetes wie gelungenes – Ergebnis ihrer Beschäftigung mit dem Kölner Mittelalter und seiner Vermittlung inmitten der Objekte des Kölnischen Stadtmuseums und der historischen Bauten in der Stadt ist das vorliegende Buch.
Es wird vielen Kölnern, jungen wie alten, eine leicht verständliche, farbige, begeisternde und informative Begleitung auf dem Weg ins mittelalterliche Köln sein, in die Zeit des größten Glanzes dieser Stadt.

Peter Noelke
Direktor des Museumsdienstes
Köln

Werner Schäfke
Direktor des Kölnischen
Stadtmuseums

Spaziergänge durch das mittelalterliche Köln und praktische Hinweise

Wer dem Mittelalter in Köln auf die Spur kommen möchte, sollte die noch vorhandenen Baudenkmäler aus dieser Zeit aufsuchen. Am besten fährt man mit der Straßenbahn zum Ausgangspunkt und setzt den Weg zu Fuß fort. Die mittelalterliche Stadt war sehr weiträumig und so liegen die von der Zerstörung des letzten Krieges verschont gebliebenen Baudenkmäler zum Teil weit auseinander. Deshalb gliedern sich die knapp zusammengefaßten Empfehlungen für die Spaziergänger ganz einfach nach den Himmelsrichtungen. Sie sind so zusammengefaßt, daß sie sich auch mit interessierten Kindern bewältigen lassen, und zumeist befinden sich auf dem Weg ruhige Inseln oder kleine Grünanlagen, um eine Pause einzulegen. Auch wenn nicht alle romanischen Kirchen im vorliegenden Buch Erwähnung fanden, sind sie bei den Spaziergängern berücksichtigt worden. Unter den Literaturhinweisen finden sich auch Bücher zu diesem Thema. In den Kölner Museen befinden sich zahlreiche Objekte zum Thema Mittelalter. Ein Besuch bei einem Spaziergang lohnt sich.

Im Norden und Nordwesten der Stadt

Weckschnapp (S. 72) – St. Kunibert – St. Ursula (S. 173) – Mauertürme und Mauerreste am Hansaring (S. 70) – Eigelsteintor (S. 71)

Im Westen und Nordwesten der Stadt

Hahnentor (S. 69) – St. Aposteln – Neumarkt, Ecke Richmodstr. (S. 143) – St. Peter (S. 171) – Schnütgen-Museum in St. Cäcilien

St. Gereon – Kölnisches Stadtmuseum im Zeughaus (S. 81) – St. Andreas – Museum für Angewandte Kunst

Im Süden, Südosten und Südwesten der Stadt

Bayenturm (S. 66) – Bottmühle (S. 66) – Severinstor (S. 67) – Severinskirche – Ulrepforte (S. 68) – Mauertürme und Mauerreste am Sachsenring, Denkmal an der Ulrepforte (S. 68, 43) – St. Pantaleon (S. 165) – St. Georg

Im Osten der Stadt

Vom Rathaus in Richtung Süden
Rathaus (S. 73) – Mikwe – Gürzenich (S. 84) – Ruine der Kirche St. Alban – St. Maria im Kapitol – Overstolzenhaus (S. 103)

Vom Rathaus in Richtung Osten zum Rheinufer
Rathaus (S. 73) – Alter Markt (S. 93) –Lintgasse – Altstadt (S. 91) – Groß St. Martin (S. 167) – St. Maria Lyskirchen

Um den Kölner Dom
Dom – Wallraf-Richartz-Museum – Erzbischöfliches Diözesan-Museum – Hohenzollernbrücke – Panorama vom Deutzer Rheinufer aus

Museen zum Thema Mittelalter

Kölnisches Stadtmuseum
Zeughausstraße 1–3
5000 Köln 1
Tel. (02 21) 2 21-23 98 und -23 52
Öffnungszeiten: di–so 10–17, do bis 20 Uhr

Schnütgen-Museum
Cäcilienstraße 29
5000 Köln 1
Tel. (02 21) 2 21-36 20
Öffnungszeiten: di–so 10–17 und jeden ersten Mittwoch im Monat 10–20 Uhr

Wallraf-Richartz-Museum
Bischofsgartenstraße 1
5000 Köln 1
Tel. (02 21) 2 21-23 72
Öffnungszeiten: di–do 10–20, fr–so 10–18 Uhr

Museum für Angewandte Kunst
An der Rechtschule
5000 Köln 1
Tel. (02 21) 2 21-38 60
Öffnungszeiten: di 10–20, mi–so 10–17 Uhr

Erzbischöfliches Diözesan-Museum
Roncalliplatz 2
5000 Köln 1
Tel. (02 21) 24 45 46
Öffnungszeiten: mo–sa 10–17 Uhr, so und feiertags 10–13 Uhr, do geschlossen

Historisches Rathaus
Öffentliche Führungen durch das historische Rathaus:
mo, mi, sa 15–16 Uhr
Anmeldung für Gruppenführungen: Tel. (02 21) 2 21-61 03

In allen Museen der Stadt Köln werden öffentliche Führungen und Kinderführungen vom *Museumsdienst* der Stadt Köln angeboten.
Darüber hinaus enthält das Programm des Museumsdienstes: Gruppenführungen, Unterricht in der »Museumsschule«, Senioren-Treff, Arbeitsgemeinschaften für Kunstinteressierte, Lehrerarbeitsgemeinschaften und kreatives Arbeiten für Kinder und Erwachsene.

Museumsdienst Köln
Richartzstraße 2–4
5000 Köln 1
Tel. (02 21) 2 21-4198 und -34 68

Literaturhinweise

Arnold, Klaus: Kind und Gesellschaft in Mittelalter und Renaissance. Paderborn 1980
Borger, Hugo/Zehnder, Frank Günter: Köln. Die Stadt als Kunstwerk. Köln 1982
Borst, Otto: Alltagsleben im Mittelalter. Frankfurt 1983
Budde, Rainer: Köln und seine Maler 1300–1500. Köln 1986
Diederich, Toni: Die alten Siegel der Stadt Köln. Köln 1980
Ennen, Leonard: Geschichte der Stadt Köln. 5 Bände. Köln-Neuss 1863–1880
Fuchs, Peter: Das Rathaus zu Köln. Köln 1973
Hässlin, Johann Jakob (Hrsg.): Das Buch Weinsberg. Aus dem Leben eines Kölner Ratsherren. München³ 1980
Hässlin, Johann Jakob (Hrsg.): Der Gürzenich zu Köln. München 1955
Herborn, Wolfgang: »Straßen wie diese.« Zum Alltagsleben einer Kölner Straße im 16. Jahrhundert; in: Geschichte in Köln. Studentische Zeitschrift am Historischen Seminar. Heft 15. 1984
Hermann, Bernd (Hrsg.): Mensch und Umwelt im Mittelalter. Frankfurt 1989
Kaltwasser, Ute: Heiliges Köln, Sündiges Köln. Köln 1985
Kellenbenz, Hermann (Hrsg.): Zwei Jahrtausende Kölner Wirtschaft. Bd. I. Köln 1975
Keussen, Hermann: Köln im Mittelalter, Topografie und Verfassung. Bonn 1918
Irsigler, Franz/Lassotta, Arnold: Bettler und Gaukler, Dirnen und Henker. Köln 1984
Kier, Hiltrud: Die großen romanischen Kirchen. Köln 1984
Klersch, Joseph: Volkstum und Volksleben in Köln. 3 Bände. Köln 1965–1968
Kölnisches Stadtmuseum, Auswahlkatalog. Köln 1984
Legner, Anton (Hrsg.): Reliquien, Verehrung und Verklärung. Köln 1989
Legner, Anton (Hrsg.): Ornamenta Ecclesiae, Kunst und Künstler der Romanik. Köln 1985
Schäfke, Werner: Kölns romanische Kirchen. Köln, 1984
Schäfke, Werner (Hrsg.): Der Name der Freiheit. Köln 1988
Schäfke, Werner (Hrsg.): Die räumliche Entwicklung der Stadt Köln. (Kleine Schriften zur Kölner Stadtgeschichte, Heft 3). Köln 1986
Schwering, Max-Leo: Handwerk in Köln. Köln 1984
Signon, Helmut: Alle Straßen führen durch Köln. Köln 1975
Spiegel des täglichen Lebens. Archäologische Funde des Mittelalters aus Köln. Köln 1982
Stelzmann, Arnold/Frohn, Robert: Illustrierte Geschichte der Stadt Köln. Köln¹⁰ 1984
Steuer, Heiko: Zur Erforschung des Alltagslebens im mittelalterlichen Köln; in: Kier, Hiltrud; Krings, Ulrich (Hrsg.): Köln: Die romanischen Kirchen Bd. I. Köln 1984
Steuer, Heiko: Die Franken in Köln. Köln 1980
Steuer, Heiko: Das Wappen der Stadt Köln. Köln 1981
Vogts, Hans: Das Kölner Wohnhaus bis zur Mitte des 19. Jahrhunderts. Neuss 1966
Weber-Kellermann, Ingeborg: Die Kindheit. Kleidung und Wohnen, Arbeit und Spiel. Frankfurt 1979

Welters, Hans/Lobeck, Helmut: Kleine Illustrierte Geschichte der Stadt Köln. Köln[7] 1986
Wolff, Gerta: Das Römisch-Germanische Köln. Köln[2] 1984
Zehnder, Frank Günter: Sankt Ursula. Legende – Verehrung – Bilderwelt. Köln 1985

Bildnachweis

(Ziffern = Bildnummern)

Rheinisches Bildarchiv: 2, 4, 6, 11, 14, 15, 17, 18, 19, 20, 24, 25, 28, 32, 36, 45, 47, 48, 49, 50, 51, 52, 53, 54, 55, 56, 59, 60, 61, 62, 63, 64, 65, 66, 67, 68, 69, 71, 72, 74, 75, 79, 80, 81, 83, 84, 85, 86, 87, 88, 89, 90, 91, 92, 93, 94, 96, 97, 99, 100, 101, 102, 108, 109, 110, 111, 112, 113, 114, 117, 118, 121, 122, 123, 125, 126, 127
Kölnisches Stadtmuseum: 16, 26, 27, 29, 30, 33, 34, 37, 39, 40, 57, 58, 73, 76, 77, 78, 82, 103, 104, 105, 106, 107, 119, 120
Katalog Kölnisches Stadtmuseum von 1960: 1, 5, 9, 13
Archiv Nationales, Paris: 35
Paul Clemen, Die Kunstdenkmäler der Rheinprovinz, Die profanen Denkmäler der Stadt Köln: 12, 38, 41, 42, 43, 44, 46
Otto Doppelfeld, Das fränkische Knabengrab unter dem Chor des Kölner Domes, 1964: 3
Koelhoffsche Chronik von 1499: 21 a–h, 22, 23, 31, 115, 116, 124
Monumenta Annonis Köln und Siegburg im hohen Mittelalter, Köln 1975: 7, 8
Arnold Stelzmann, Illustrierte Geschichte der Stadt Köln, Köln, 1974: 128
Hans Vogts, Das Kölner Wohnhaus bis zur Mitte des 19. Jahrh., Neuss 1966: 70
Verlagsarchiv: 10, 95